名师名校名校长

凝聚名师共识
回应名师关怀
打造名师品牌
培育名师群体

淮滨"泥叫吹"园本课程构建

符 丽／著

中国出版集团　现代出版社

图书在版编目（CIP）数据

淮滨"泥叫吹"园本课程构建 / 符丽著. — 北京：
现代出版社，2022.8

ISBN 978-7-5143-9945-5

Ⅰ.①淮… Ⅱ.①符… Ⅲ.①幼儿园—课程建设—研
究—淮滨县 Ⅳ.①G612

中国版本图书馆CIP数据核字（2022）第155549号

淮滨"泥叫吹"园本课程构建

作　者	符　丽	
责任编辑	张　璐	
出版发行	现代出版社	
地　址	北京市安定门外安华里504号	
邮政编码	100011	
电　话	010-64267325　64245264	
网　址	www.1980xd.com	
印　制	北京政采印刷服务有限公司	
开　本	710mm×1000mm　1/16	
印　张	10.5	
字　数	168千字	
版　次	2022年8月第1版　　2022年8月第1次印刷	
书　号	ISBN 978-7-5143-9945-5	
定　价	68.00元	

目录

第一篇

"泥叫吹"小班课程（上期）

第二篇

"泥叫吹" 小班课程（下期）

第三篇

"泥叫吹"中班课程（上期）

第四篇

"泥叫吹"中班课程（下期）

第五篇

"泥叫吹"大班课程（上期）

第六篇

"泥叫吹"大班课程（下期）

第一篇

"泥叫吹"

小班课程

（上期）

小班健康领域

蔬菜宝宝总动员（集体活动）

活动目标

1. 认识几种常见蔬菜，了解其营养价值。
2. 能正确使用勺子进食。
3. 乐意吃各种有营养的食物。

活动准备

1. "泥叫吹"：兔妈妈、胡萝卜、黄瓜、西红柿、土豆。
2. 蔬菜实物：胡萝卜、西红柿、黄瓜、土豆。
3. 烧好的蔬菜，每人一把勺子和一个小碗。

"泥叫吹"兔妈妈和蔬菜

活动过程

1. 展示"泥叫吹"，引发幼儿的探究兴趣。

师：这些蔬菜和平时见过的蔬菜有什么不一样？

教师展示"泥叫吹"蔬菜——胡萝卜、西红柿、黄瓜、土豆。

师：它们是用什么做成的呢？

小结：用一块泥塑形，能吹响，我们把它们叫作"泥叫吹"蔬菜。

2. 展示蔬菜实物，分别介绍各自的营养价值。

以蔬菜宝宝自我介绍的方式，让幼儿了解其营养价值。

胡萝卜：我是胡萝卜宝宝，我富含人体需要的维生素，小朋友多吃我，可以让眼睛明亮！

西红柿：我是西红柿宝宝，我营养丰富，多吃我，可以帮助小朋友长高，让皮肤变白白，更漂亮！

黄瓜：我是黄瓜宝宝，我有清热解毒的本领，如果小朋友上火了，一定要多吃我哦！

土豆：我是土豆宝宝，含有丰富的蛋白质，小朋友多吃我，可以让身体强壮，小脑袋变得更聪明！

3. 幼儿品尝烧好的蔬菜。

师：蔬菜宝宝都介绍了自己，请小朋友说一说刚才蔬菜宝宝都说了什么。（请个别幼儿说说刚才自己听到的）

教师逐一展示蔬菜，一起说说每种蔬菜的营养。

师：蔬菜宝宝的营养那么多，我们一起来品尝兔妈妈为我们准备的蔬菜大餐吧！

教师观察幼儿能否正确使用勺子进食，并提醒幼儿爱惜食物。

4. 活动小结：我们不能挑食，要多吃蔬菜，因为不同的蔬菜有不同的营养，可以让我们的身体变得棒棒的！

1. 区角活动时，可以在"泥叫吹"区角尝试做"泥叫吹"蔬菜。

2. 和家人一起择菜、洗菜、炒菜，逐渐让幼儿喜欢吃蔬菜。

小班语言领域

香喷喷的轮子（集体活动）

活动目标

1. 感知并理解故事内容。

2. 通过观察图片，学习故事中的部分对话。

3. 知道相互关心、相互帮助。

活动准备

1. 物质准备：百宝箱，自制场景插画，"泥叫吹"西瓜车、梨子车、香蕉车。

2. 经验准备：在数学活动时渗透点数，一一对应。

"泥叫吹"水果车

活动过程

1. 谈话导入，激发幼儿兴趣。

师：你见过什么车？（让幼儿大胆表达自己的想法）

师：老师带来了一个百宝箱，我的百宝箱里也藏着几辆车。

依次出示"泥叫吹"西瓜车、梨子车、香蕉车，引导幼儿点数车轮数量，并两两对比，引导幼儿观察发现轮子的递减变化。

师：这些车是谁的呢？小老鼠的车为什么会变呢？

2. 分段讲述。

教师依次出示场景插画，有感情地向幼儿分段讲述故事，并进行提问。

师：小豚鼠、小鸡、老爷爷怎么了？

师：小老鼠又是怎么帮助他们的呢？

教师引导幼儿观察画面，让幼儿大胆表达自己的看法和观点，发展幼儿的表达能力和想象能力。

师：小老鼠的车发生了什么变化呢？（引导幼儿理解故事内容并尝试学说故事中的部分对话）

教师引导幼儿观察小老鼠帮助完小伙伴的表情变化，并进行简单小结。

小结：当他人遇到困难时，我们也应该帮助他，这样他人开心的同时，我们也会感到开心。

3. 播放音频，带领幼儿完整欣赏故事内容。

师：这是谁的南瓜车呢？答案就藏在故事里，我们再来听听故事吧！（培养幼儿的倾听能力）

师：你们喜欢小老鼠吗？为什么？

小结：小朋友之间要相互关心、相互帮助。

4. 情感升华：出示在日常生活中拍到的小朋友之间互相帮助的照片。

师：图片中的小朋友站起来说一说自己当时在干什么。

让幼儿能更具体地感受到"小朋友之间要互相帮助，帮助别人的时候，我们自己也会开心"。

活动建议

1. 教师可以启发幼儿顺着故事的情节续编故事。

2. 以学习此故事为契机，在家庭中继续渗透关心、帮助他人的教育，抓住和创造让幼儿关心、帮助他人的机会，如让幼儿分食品、帮长辈做事情等。

3. 将操作材料投放在语言区，鼓励幼儿阅读。

香喷喷的轮子（童话）

小老鼠做了一辆四轮西瓜车，用了四颗圆溜溜、散发着香味的巧克力豆做车轮。

小老鼠开着西瓜车跑，看见一只胖墩墩的小豚鼠在哭。小老鼠问："小豚鼠，你怎么啦？"小豚鼠说："我想吃巧克力，奶奶不给我买。"小老鼠听后卸下一颗巧克力豆送给了小豚鼠，然后把西瓜车改成了一辆三轮梨子车。

小老鼠开着三轮梨子车跑，看见一只小鸡摇摇晃晃的。小老鼠问："小鸡，你怎么啦？"小鸡说："天太热，我要被晒晕了。"小老鼠听后卸下一颗巧克力豆送给小鸡做帽子，然后把三轮梨子车改成了一辆两轮香蕉车。

小老鼠开着两轮香蕉车跑，看见一位老爷爷在发愁。小老鼠问："老爷爷，您怎么啦？"老爷爷说："我的扣子掉了。"小老鼠听后卸下一颗巧克力豆送给老爷爷做纽扣。只剩下一颗巧克力豆，没法做车轮了，小老鼠决定把它吃掉，"吧嗒吧嗒"真香啊！

小老鼠扛着车厢向前走，真累啊！忽然，他看见一辆漂亮的小汽车，上面写着"送给可敬可爱的小老鼠——小豚鼠、小鸡、老爷爷送"。小老鼠开心极了！

早餐，你喜欢吃什么（讲述活动）

1. 通过"泥叫吹"作品，知道吃早餐的好处。

2. 学说"早餐，如果你……那么——"的句式。

3. 能够认真倾听教师的提问和同伴的发言。

活动准备

1. "泥叫吹"作品图片。

2. 视频。

（a）食物　　　　　　　　（b）动物　　　　　　　　（c）操作盒

"泥叫吹"作品

活动过程

1. 谈话导入，教师播放视频并进行提问。

师：视频中放的是哪个地方？里面的人在干什么？视频中有哪些早餐？

师：你们喜欢吃早餐吗？吃过哪些早餐？

2. 教师出示"泥叫吹"作品导入，比较两种早餐的不同。

师：为什么要吃早餐？

（幼儿回答，教师给予鼓励）

小结：吃早餐能使我们身体棒棒，不生病。要养成吃早餐的好习惯，不挑食。

3. 指导幼儿学说"早餐，如果你……那么——"的句式。

师：刚才我们说的这些早餐都是我们人吃的，那么小动物会吃些什么早餐呢？

出示教具——不同的房间。教师将开门的权利交给幼儿，幼儿说开什么颜色的门，教师照做，当第一扇门打开时，教师说句式，幼儿跟学。以此类推到所有门都打开，幼儿再完整地重复句式。

4. 巩固句式。

进行互动游戏，教师示范，幼儿跟学。

小结：教室里还有一些小动物，它们会吃些什么早餐？你们看一看、喂一喂。

1. 在语言区角继续渗透，巩固句式。

2. 可以在"泥叫吹"区角捏一捏好吃的"早餐"。

早餐，你喜欢吃什么（故事）

早餐，如果你喜欢吃鱼，那么——你可能是一只猫。

早餐，如果你喜欢吃骨头，那么——你可能是一只狗。

早餐，如果你喜欢吃花生，那么——你可能是一只老鼠。

早餐，如果你喜欢吃胡萝卜，那么——你可能是一只兔子。

早餐，如果你喜欢吃香蕉，那么——你可能是一只猴子。

早餐，如果你喜欢吃青草，那么——你可能是一头牛，或者是一只羊，或者是一匹马，或者是一头大象。

早餐，如果你喜欢吃面包、鸡蛋和牛奶，那么——你可能是一个宝宝！

好饿的毛毛虫（集体活动）

1. 欣赏绘本故事，感受故事带来的色彩美。

2. 通过制作"泥叫吹"叶子，锻炼幼儿团、压、捏、推等技能。

3. 激发幼儿对阅读的喜爱，发展幼儿的观察力和想象力。

活动PPT（演示文稿）、手工泥、绘本。

1. 手指游戏导入。

师：一根手指头呀，变呀变呀变，变成毛毛虫，爬呀爬呀爬。爬到头顶上，爬到肩膀上……毛毛虫爬不动了，为什么呢？

师：到底是为什么呢？我们赶快一起来听听这个故事吧！名字叫"好饿的毛毛虫"。

2. 引导幼儿欣赏故事，理解故事内容。

师：星期一，它吃了什么？吃了几个？

师：小朋友们，毛毛虫全身变成什么颜色了？

师：可是，毛毛虫的肚子还是好饿。星期二，它又吃了什么？

师：吃了几个梨子呢？

师：毛毛虫还是好饿，我们一起帮它去找东西吃吧。

师：现在我们一起回忆一下，毛毛虫刚刚吃了哪些东西？

师：星期四，毛毛虫变成什么颜色了？

师：那它可能是吃了什么呢？

师：毛毛虫吃了几个草莓呢？我们一起来数一数。

师：接下来，到了星期五，你们猜一猜毛毛虫会吃什么东西？

师：星期五，它吃了五个橘子，为什么会变成橘色的呢？

师：星期六，毛毛虫还想吃什么呢？

师：毛毛虫吃了这么多的食物，会变成什么颜色呢？（扩散思维，让幼儿充分发挥想象力）

师：毛毛虫变成什么颜色了？

3. 制作"泥叫吹"叶子。

师：毛毛虫说"我需要吃一片又绿又嫩的叶子"，那我们上哪里弄叶子呀？

制作过程：团一团、压一压、捏一捏头（叶尖）、推一推尾巴（叶柄）。

师：毛毛虫吃了小朋友送的叶子，终于不饿了。正在对小朋友们说谢谢呢！小朋友们应该说些什么呀？（不用谢）

"泥叫吹"叶子

4. 活动延伸。

师：毛毛虫睡醒了会发生一件神奇的事情，你们想知道吗？

师：看！老师为你们准备了这本书，我会把它放在图书角。下次你们一起去看看，然后告诉老师到底发生什么神奇的事情了！

1. 活动后观看相关视频，巩固毛毛虫变蝴蝶的过程。
2. 幼儿可以在区角仿编故事并表演。

好饿的毛毛虫（故事）

　　月光下，一颗小小的卵躺在叶子上。星期天早上，暖和的太阳升起来了，"啵"的一声，一条又小又饿的毛毛虫从卵壳里钻了出来，它要去找一些东西吃。星期一，它啃穿了一个苹果。可是，肚子还是好饿。星期二，它啃穿了两个梨子，可是，肚子还是好饿。星期三，它啃穿了三个李子，可是，肚子还是好饿。星期四，它啃穿了四个草莓，可是，肚子还是好饿。星期五，它啃穿了五个橘子，可是，肚子还是好饿。星期六，它啃穿了一块巧克力蛋糕、一个冰激凌蛋筒、一条酸黄瓜、一片瑞士奶酪、一截萨拉米香肠、一根棒棒糖、一角樱桃馅饼、一段红肠、一只杯形蛋糕，还有一块甜西瓜。到了晚上，它就胃痛起来。

第二天，又是星期天。毛毛虫啃穿了一片可爱的绿叶子，这一回它感觉好多了。现在它一点儿也不饿了——它也不再是一条小毛毛虫了。它是一条胖嘟嘟的大毛毛虫了，它绕着自己的身子，造了一座叫作"茧"的小房子，它在里面待了两个多星期。

最后，它在茧壳上啃出一个洞洞，钻了出来，它已经是一只美丽的蝴蝶了！

小班社会领域

好吃的汤圆（区域活动）

区域活动经验

在游戏过程中，巩固正确使用勺子的方法，愿意用勺子给"小动物"喂汤圆；乐意参加游戏，能坚持游戏，体验游戏的趣味性。

适宜人数

4~6人。

材料与准备

1. 物质准备：用纸盒做成大嘴小动物（小猫、小兔等），鞋盒内装彩色汤圆若干；勺子4~6把。

2. 经验准备：幼儿有自己用勺子吃饭的经验；幼儿有认识红、黄、蓝、绿颜色的经验。

玩法与规则

幼儿人手一把勺子，一边用勺子将汤圆送到小动物嘴里，一边说："小兔，我喂你吃一个×色的汤圆。"直到将自己碗里的汤圆喂完。

区角游戏

 观察、指导与评价

1. 在游戏中能在日常用勺子吃饭的基础上，用正确的方法握勺子，手眼协调地将自己想要喂的汤圆取出，并送到小动物嘴里。

2. 在幼儿讲述短句时，渗透语言领域的目标。当幼儿因为急于表达而说不清楚时，提醒他不要着急，慢慢说；提醒幼儿注意公共场所的语言文明，不要喧哗，声音自然适中。

3. 游戏结束后，可以请幼儿进行简单的讲述：今天给哪些小动物喂了汤圆，怎样才能让汤圆不从勺子里掉下来等。

4. 根据幼儿游戏情况，更换喂食对象，促进幼儿手眼协调，保持幼儿的游戏兴趣。

小班科学领域

动物捉迷藏（区域活动）

区域活动经验

学习用"××在××的上面/下面/里面/外面"的语言较清楚地说出物体的空间位置。

适宜人数

2~4人。

材料与准备

1. 物质准备：区域布置成娃娃家的样子，各种"泥叫吹"小动物，如"泥叫吹"小猫、"泥叫吹"小猪、"泥叫吹"小鸭子等。

2. 经验准备：幼儿认识常见的动物并能说出它们的名字，玩过"捉迷藏"游戏。

（a）"泥叫吹"小动物　　　　　　（b）娃娃家

区角操作材料

玩法与规则

1. 我说你找。两位小朋友结伴，一位小朋友说"××在××上面"，另一位小朋友根据其讲述找到小动物所在的位置，如小猫在小鸭子的上面。

2. 找到小猫后，用短句"××在××的上面/下面/里面/外面"再来找一找其他小动物的位置。

3. 两位小朋友轮流进行游戏，比一比谁说得最清楚。

观察、指导与评价

1. 教师引导幼儿和好朋友结对游戏，鼓励幼儿清楚地讲述自己的想法，并轮流进行游戏。

2. 在幼儿寻找小动物的过程中，教师观察幼儿讲述小动物所在位置的情况，适时地给予指导。

对不能按照同伴的讲述找到小动物的幼儿，教师引导其听清同伴的语言，必要时进行重复，再让其寻找。可请与其结对的同伴先说一说，引导其模仿学习。

讲述小动物位置有困难的或不能正确使用方位词进行讲述的幼儿，教师应引导其观察小动物的位置，再提示其用相应的方位词进行讲述。

对于能找到小动物的幼儿，教师引导其用"××在××的上面/下面/里面/外面"的短句说出动物的位置。

3. 活动后的经验分享。

鼓励结伴游戏的两名幼儿说一说游戏的过程，如"你们怎么玩的？""找到小动物们了吗？""在哪里找到的？"……通过交流引导幼儿相互学习，讲述动物的位置。

过生日（集体活动）

活动目标

1. 感知3以内的数量，能根据点卡匹配相应数量的物品。

2. 能用语言"×个点子放×个××"讲述自己的操作过程。

3. 积极参与操作活动。

1. 教具："泥叫吹"小兔，数量分别是1、2、3的三种礼物，分别贴有1、2、3点卡的礼物盒。

2. 学具：幼儿人数相同的贴有不同点子的礼物盒，每组一种礼物（若干个）。

3. 经验准备：幼儿能手口一致地点数3以内的数量，在生活中有送收礼物的经历。

"过生日"教具

1. 创设"小兔过生日"的场景，激发幼儿参与活动的兴趣。

教师出示"泥叫吹"小兔。

师：这只小兔有一个特殊的本领，能吹响（师示范吹响），它是一只"泥叫吹"小兔。

创设情境：小兔今天很高兴，因为今天是它的生日。老师今天也给小兔准备了生日礼物，是什么礼物呢？

2. 礼物分一分——尝试按点卡匹配相应数量的生日礼物。

教师逐一出示礼物。

师：小朋友们看看这是什么礼物呢？有几个？一起来数一数吧！（点数手口一致，数到最后一个数即总数）

教师出示礼物盒。

师：有几个礼物盒？它们有什么不一样？（礼物盒上的点子个数不一样）

师：这些礼物应该分别装进哪个礼物盒呢？你从哪里看出来的？（引导幼儿回顾自己匹配物品与标记的经验，明确根据礼物盒上的点卡匹配相应数量的礼物）

师：谁愿意帮我把礼物放进礼物盒里呢？（请个别幼儿放礼物，并引导幼儿说一说"×个点子放×个××"）

3. 幼儿操作，巩固按点卡匹配相应数量物品的能力。

教师介绍操作材料及要求。

师：教室后面的桌子上有很多礼物，还有许多礼物盒，请你拿一个礼物盒，先数一数盒子上有几个点子，有几个点子就拿几个礼物放在里面，送给小兔，送的时候对小兔说一说："×个点子放×个××"。

幼儿操作，教师巡视、观察、指导。

幼儿送礼物，并说句子。

4. 展示幼儿操作成果，教师点评。

教师分类（对、错）展示幼儿操作成果。点评对的1~3人，错的指出原因，让幼儿改正。

5. 整理结束：师幼齐唱《生日快乐歌》送给小兔。

1. 环节2中，教师应根据幼儿的操作情况灵活调整示范操作的次数，如幼儿在先前的放礼物环节中较为困难，教师不仅可以引导幼儿完成放礼物的环节，而且在完成后还可以再次和幼儿一起回顾放礼物的方法。

2. 环节4中，为更有效地小结操作情况，教师可通过投影仪、相机等设备引导幼儿检查自己的操作结果，帮助幼儿在该环节中进行有效的互动，共同分享获得的经验。

3. 如受条件限制，教师可将操作材料《兔妈妈买水果》中的活动作为操作活动供幼儿游戏。

"过生日"教学材料

小帮手（区域活动）

操作材料如下图所示。

（a）"泥叫吹"物品　　　　　　（b）收纳盒

"小帮手"操作材料

在分类整理物品的过程中，可丰富幼儿对不同物品用途的认识，巩固按物品用途进行分类的能力，学习用标记表示自己的分类结果。

2～4人。

1. 物质准备：吃、穿、玩三类"泥叫吹"物品若干，如"泥叫吹"甜甜圈、"泥叫吹"篮球、"泥叫吹"衣服等；吃、穿、玩标记各一张；可容纳所有物品的大篓子；小空篓子若干；多层柜三个。

2. 经验准备：幼儿有玩玩具并根据玩具种类收拾整理的经验，认识并能说出游戏中常见的物体名称。

玩法与规则

1. 从大篓子中找出同类的物品分别放到小篓子中，说说它们的名称，如"泥叫吹"篮球、"泥叫吹"甜甜圈、"泥叫吹"衣服等。

2. 观察小篓子里的物品，把相同用途的摆放到一个柜子里。

3. 相互检查同伴的操作并将吃、穿、玩的标记粘贴到相应的柜子上。

观察、指导与评价

1. 师幼一起整理大篓子中的物品，教师鼓励幼儿说说有哪些东西，帮助幼儿熟悉游戏的材料。

2. 在整理"泥叫吹"物品的过程中，观察幼儿分类和匹配吃、穿、玩标记的情况，给予适时指导。

对将相同物品摆放到不同篓子里的幼儿，鼓励其回顾以往整理玩具或其他物品的经历，学习将相同的物品摆放到同一个篓子里的整理方法。

对按用途分类有困难的幼儿，可以引导其说说物品的名称，想一想在哪里见过这个物品，可以用来干什么，帮助幼儿解决无法判断用途的问题。

3. 活动后的经验分享。

鼓励幼儿将自己收拾整理"泥叫吹"物品的方法告诉大家。

鼓励幼儿坚持在每次的游戏中对材料进行整理，丰富幼儿物品用途的经验。

小班艺术领域

香香的粥（集体活动）

1. 初步熟悉歌曲的旋律，学习用问答的形式说唱歌曲。

2. 借助"泥叫吹"以及教师的肢体语言，迁移生活经验，想象并说出在粥里"加点什么呢"。

3. 体验歌唱活动的快乐。

1. "泥叫吹"物品：粥、蜂蜜、鸡腿、草莓、紫薯、南瓜、香蕉等。

2. 音乐CD（唱片）、播放器。

"香香的粥"教具

1. 提出问题，创设情境。

师：小朋友们喜欢吃什么食物呢？

师：我的朋友小猫不喜欢喝粥，这可怎么办呢？

师：猫妈妈想出一个好主意，就是在粥里加好多好吃的，小猫一尝就喜欢喝粥了。猫妈妈到底在粥里加了什么呢？

2. 倾听歌曲，在教师的提问下理解记忆歌词。

师：歌曲里说在粥里加了什么呢？提问幼儿，并出示"泥叫吹"蜂蜜。

师：那加了蜂蜜以后粥会变得怎么样呢？

引导幼儿和教师一起完整地说出歌词。

3. 替换歌词中的"蜂蜜"，引导幼儿多次学唱问答和歌曲。

师：小朋友们听到歌曲里说粥里加了蜂蜜，那粥里还可以加点什么呢？你想在粥里加点什么呢？

根据的幼儿回答出示"泥叫吹"物品，幼儿跟琴学唱歌曲。

那粥里还可以加点什么呢？让我们一起来做一碗什么粥？（××粥）跟琴学唱歌曲。

师：那粥里还可以加点什么呢？我想听见不一样的答案。让我们一起来做一碗什么粥？（××粥）跟琴学唱歌曲。

4. 创设情境，再次学唱歌曲。

小朋友们的粥做得真是太香了，我的好朋友小兔也想喝一碗，让我们一起来问一问小兔喜欢喝什么粥吧。加点什么呢？加点萝卜吧。让我们来做一碗萝卜粥送给小兔吧。幼儿演唱歌曲。

让我们一起来给小猴也做一碗粥吧，我们来问一问小猴想在粥里加点什么。加点什么呢？幼儿再次演唱歌曲。

5. 分享游戏。

小朋友们的粥做得太香了，让我们一起来做碗粥送给你的好朋友吧，你想在粥里加什么都可以哦。演唱歌曲，把做好的粥送给自己的好朋友。

活动建议

1. 在学唱歌曲结束后，可以让幼儿在"泥叫吹"区角把自己想加进粥里的东西做出来。

2. 可以让幼儿按照食物的不同类别进行添加，帮助幼儿认识并理解食物种类。

教学材料

> **香香的粥**
>
> 1=C 4/4
>
> 3 1 5 3 2 - | 3 1 5 3 2 - | 3 5 3 5 | 6 1 6 1 2 - |
>
> 香 香 的 粥， 香 香 的 粥， 我 们 大 家 一 起 来 喝 粥，
>
> X X X X - | X X X X - | 3 3 3 5 2 1 6 | 1 - 1.0 ||
>
> 加点 什么 呢？ 加点 蜂蜜 吧。 粥儿 变得 香 又 香 呀。
>
> ||: 1 1 3 3 | 5 5 3 3 | 1 1 3 3 | 5 5 1 - :||

小乌龟（集体活动）

活动目标

1. 初步熟悉歌曲旋律，并能模仿教师用较有力的声音演唱歌曲的号子部分。
2. 模仿教师的范例，学习用自己喜欢的小动物替换"乌龟"。
3. 体验歌曲活泼、欢快的情绪，积极地参与活动。

活动准备

1. 环境准备：座位排成半圆形。
2. 物质准备："泥叫吹"小山、小乌龟、糖果、面包、流汗笑脸娃娃3个。

"小乌龟"教具

1. 教师出示"泥叫吹"小山，引导幼儿观察、猜想。

师：老师今天带来了一个魔法口袋，里面装着一个神奇的宝贝，你们猜猜会是什么？（教师神秘出示小山）

教师引导幼儿猜想：这是一个小山坡，有一个小动物在爬山坡，是谁呢？教师引导幼儿说出歌曲内容。

师：答案藏在一首歌里，我们一起来听听歌它就出来了。

2. 小乌龟爬山坡的时候带着什么呢？

教师弹唱，幼儿说出答案："小小乌龟爬山坡，带着面包和糖果。"

教师再次示范演唱歌曲，用动作表现小乌龟爬山坡的样子。

3. 教师边唱歌边做动作，幼儿模仿教师或自己做小乌龟动作。

师：我来唱歌，你们来学小乌龟爬坡。

4. 幼儿学唱歌曲中的号子部分。

教师引导幼儿思考小乌龟为什么会发出"嗨嗨哟"的声音。

师：小乌龟爬的时候为什么会发出"嗨嗨哟"的声音呢？（因为爬山很累）小朋友们很累的时候要为自己加油打气时声音怎么样？是有力的还是轻轻的？（有力的）

教师带领幼儿用较有力的声音演唱号子部分。

师：那我们来学一遍小乌龟为自己加油吧！小乌龟想听。

小山生气了，它说：小朋友的声音真好听，它想再听一次，希望小朋友们用最好的声音唱一遍。（师幼再次合唱）

5. 教师启发幼儿用其他动物名称工整替换"乌龟"。

师：除了爱唱歌的小乌龟来爬山坡，还会有谁来爬山坡？

幼儿说出一种动物，教师示范工整替换"乌龟"，模仿练习。

师：还有小动物来爬山坡吗？幼儿说出小动物，自己尝试用其他动物名称工整替换。

活动建议

第一课时，幼儿欣赏教师演唱并学习号子部分，在反复听唱中熟悉歌曲。第二课时，幼儿学习用工整替换的方法创编食物名称。

可以玩小乌龟爬山坡的游戏，用泡沫垫铺好做小山坡，让幼儿通过爬行去垫子另一端拿食物。

在音乐区提供音乐，以便于幼儿一边演唱一边操作。可以替换动物和食物的名称，增加幼儿的选择性，提高幼儿的演唱兴趣。

教学材料

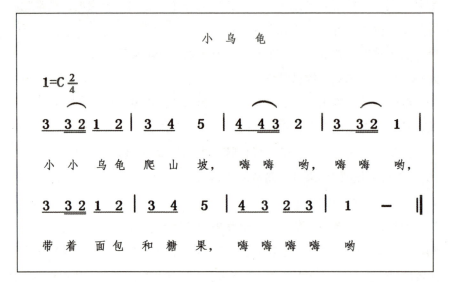

第二篇

"泥叫吹"

小班课程

（下期）

小鸭捉虫（户外活动）

活动目标

1. 练习根据信号向指定方向走、跑、跳。
2. 能够根据颜色进行分类。
3. 体会劳动的快乐。

活动准备

1. 经验准备：幼儿初步了解鸭子的生活习性。

2. 场地布置：用长条纸板围成一个能容纳全部幼儿的方形区域作为小鸭的家，"泥叫吹"毛毛虫（红、黄、绿）若干（幼儿人数的4倍），分散在"小鸭家"四周的"草地"上，红、黄、绿色的小筐各4个，摆放在"小鸭家"的四个角。

3. 音乐《热身操》《放松操》。

（a）"泥叫吹"毛毛虫、"泥叫吹"小鸭　　　　　（b）场地布置

"小鸭捉虫"的准备

活动过程

1. 幼儿成四路纵队站在场地上，进行队列队形练习和热身运动。

队列练习：立正—稍息—立正—向前看齐—原地踏步。

队形练习：四路纵队——路纵队—四路纵队。

师生一起做《热身操》。

2. 出示"泥叫吹"小鸭，引起幼儿兴趣。

教师：这只"泥叫吹"小鸭要和我们一起做游戏，老师当鸭妈妈，你们就当我的鸭宝宝。

3. 创设去"小鸭新家"的情境，练习双脚跳。

师：走，到我们的新家去看看吧！我们的新家四周都是小水沟，如果我们想要进去和出来，就必须跳过小沟。

讲解示范跳过"小沟"的动作要领：

双脚稍分开，双腿微屈，两臂摆动，脚用力蹬地跳起，前脚掌落地。

幼儿自由练习跳过"小沟"，教师指导个别能力差的幼儿。

带领幼儿一起跳过"小沟"到"草地"上去玩，创设"下雨了""天黑了"等情境，提高幼儿游戏的兴趣。

4. 游戏"小鸭捉虫"。

妈妈准备给宝宝们做大餐，需要一些虫子，一会儿你们去"草地"上捉"虫子"，击鼓一声，你们就跳过"小沟"到"草地"上捉一条"虫子"，跑过来放进与"虫子"颜色一样的筐里。

游戏2～3次，敲鼓声增加为两声、三声，提示幼儿按照鼓声捉相应数量的"虫子"。

游戏时如果发现"虫子"被放错筐了，要及时提醒幼儿纠正。

检查"虫子"的分类情况，体会劳动的快乐。

5. 活动小结，带领幼儿做《放松操》。

活动建议

1. 活动开始时，可以先用语言提示，再换用小鼓。

2. 可以先用颜色和数量相结合的图示，再逐步加大难度。

能干的小红帽（户外活动）

活动目标

1. 能听信号控制自己的身体。

2. 在游戏中发展体能。

3. 在游戏中感受到自己的勇敢、能干。

活动准备

1. 熟悉"小红帽"的故事。

2. 12个泥叫吹小动物间隔摆放成树林；平衡木或竹梯布置成独木桥；草地；每5个"泥叫吹"石头作为一组，连续排列成六组石头。

场地布置

活动过程

1. 听音乐做热身运动。

2. 幼儿在教师设计的游戏情境中参与"小红帽"活动。

师：外婆打来电话让小红帽去她家玩儿，谁想做小红帽？

师：小红帽要跟着妈妈穿树林、走小桥、爬草地、跳石头，才能到达外婆家（教师边说边做示范），路上不能掉队，因为大灰狼在半路上等着我们，想要吃掉我们。

教师演妈妈，带"小红帽"到外婆家，然后原路返回。

幼儿游戏2～3次，教师在活动中及时肯定幼儿的能力，如爱护小树、平稳过小桥、爬得快、不碰到别人等。

3. 增加角色大灰狼（由配班教师扮演大灰狼），改变游戏节奏，维持幼儿的游戏兴趣。

教师：在去外婆家的路上，如果大灰狼来了，我们怎么办？

在幼儿自由表述的基础上，告知幼儿游戏玩法：如果大灰狼来了，不论你在什么位置都要立即停下不能动，否则会变成石头人。

幼儿游戏2～3次，教师在必要时提醒幼儿遵守游戏规则。

4. 教师小结，表扬守规则、勇敢完成游戏的幼儿。

5. 随着舒缓的音乐，教师带领幼儿做小鸟醒来、梳理羽毛、拍拍翅膀等动作。

1. 幼儿熟悉此游戏后，教师可在"小红帽"走过的路上多创设些场景，丰富幼儿动作，如钻、跨、快跑等。

2. 教师还可以根据幼儿熟悉的故事改编游戏情节，进行"小鸡捉虫"等游戏。

小班语言领域

嘟嘟嘟（集体活动）

第一课时

活动目标

1. 通过游戏、观看、朗诵，感知儿歌内容。
2. 尝试根据句式特点仿编部分内容。
3. 萌发幼儿对"泥叫吹"的喜爱之情。

活动准备

PPT、"泥叫吹"教具、节奏不同的音乐。

活动过程

1. 游戏导入，激发幼儿兴趣。

师：闭上眼睛，听！是什么呀？

师：为什么叫"泥叫吹"呢？

师：它是怎么叫的呀？叫了几声呢？

师：这个"泥叫吹"苹果是什么颜色的呢？

师：我们可以用一个好听的词来说一说——红彤彤，捏出苹果红彤彤。

师：猜猜还会捏出什么水果？

师：我做一个小小的提示，我这个水果的颜色是绿油油的哦！绿油油的会是什么水果呢？

师：是不是呢？看一看吧！捏出西瓜绿油油。（边说边出示并一起说一遍）

师：我这里还捏出了一个水果，它可能藏在我身体的某个地方哦，猜猜在哪里？

师：这是什么颜色的梨子呀？我们用一个好听的词——金灿灿，捏出梨子金灿灿。

师：老师把这些色彩艳丽的"泥叫吹"水果编成了一首好听的儿歌，我们一起来听一听吧！（跟着节奏朗诵）

2. 欣赏儿歌，感知儿歌内容。

教师完整朗诵儿歌。

师：小朋友从儿歌里听到了什么？（说一个出示一张图片并朗读出来，没有听出来则继续朗诵）

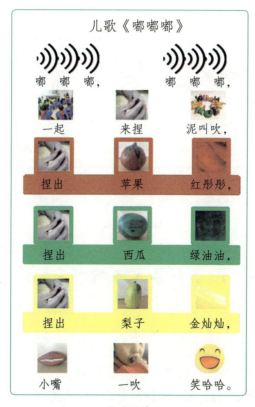

儿歌图片

师：我们一起用欢快的声音朗诵一遍吧！（教师试着逐渐放手，让幼儿朗诵）

师：最后，请小朋友们带上自己喜欢的动作朗诵一遍儿歌吧。（教师带领幼儿边表演边朗诵儿歌）

3. 巩固经验，尝试仿编。

师：我们一起来看看儿歌里出现了几种水果呀？

师：除了苹果是红彤彤的，还有什么水果是红彤彤的呢？

师：我们一起把这些漂亮、好吃的水果编进我们的儿歌里吧！

4. 延伸活动。

师：生活中除了这些水果，还有什么同样色彩的水果呢？小朋友可以在"泥叫吹"区角里做一做，放在语言区角里继续仿编。非常期待你们不同的想法和作品，一定要记得和我分享哦。

嘟嘟嘟（童谣一）

嘟嘟嘟、嘟嘟嘟，
一起来捏"泥叫吹"。
捏出苹果红彤彤，
捏出西瓜圆又大，
捏出梨子香喷喷，
小嘴一吹笑哈哈。

嘟嘟嘟（童谣二）

嘟嘟嘟、嘟嘟嘟，
一起来捏"泥叫吹"。
捏出苹果红彤彤，
捏出西瓜绿油油，
捏出梨子金灿灿，
小嘴一吹笑哈哈。

第二课时

1. 借助图片，拓展经验、巩固和丰富相应的词汇。

2. 通过节奏游戏和仿编，进一步体验童谣的结构美。

3. 萌发幼儿对"泥叫吹"的喜爱之情。

PPT、节奏不同的音乐。

1. 复习童谣《嘟嘟嘟》，回顾节奏游戏，引入活动。

出示PPT，引导幼儿对第一课时的内容进行回顾。

师：这是什么？它是怎么玩的？你想挑战几颗星？

师：我们一起挑战四颗星，音乐起。

2. 借助图片拓展幼儿经验，巩固学习词语"红彤彤、绿油油、金灿灿"，丰富词汇"五颜六色"。

（1）拓展经验，巩固学习"红彤彤的……"。

师：大家真棒！挑战成功！但我有新的问题要考考你们。除了红彤彤的苹果，还有什么水果是红彤彤的呢？（强调幼儿说完整的"红彤彤的……"，出示幼儿说出的水果图片）

师：看看老师还带来哪些红彤彤的水果。（出示红彤彤的水果图片，并让幼儿认识未在图片中出现的红彤彤的水果）

（2）拓展经验，巩固学习"绿油油的……"。

师：我们学的第二个词语是什么？（出示绿色标志）除了绿油油的西瓜，还有什么水果是绿油油的呢？（强调幼儿说完整的"绿油油的……"，出示幼儿说出的水果图片）

师：看看老师还带来哪些绿油油的水果。（出示绿油油的水果图片，并让幼儿认识其未说的绿油油的水果）

（3）拓展经验，巩固学习"金灿灿的……"。

师：童谣中是用什么词语形容梨子的？（出示金色标志）

师：除了有金灿灿的梨子，还有什么水果是金灿灿的？（强调幼儿说完整的"金灿灿的……"，出示幼儿说出的水果图片）

师：看看老师还带来哪些金灿灿的水果？（出示金灿灿的水果图片，并让幼儿认识未在图片中出现的金灿灿的水果）

（4）丰富词汇"五颜六色""五彩斑斓"。

师：这么多颜色的水果，用一个好听的词语来形容，可以用什么词语呢？（五颜六色的水果、五彩斑斓的水果）

3. 借助图片仿编童谣，通过节奏游戏进一步体验童谣的结构美。

出示PPT，请幼儿观察。

师：这张图片和刚才的图片有什么不一样？它少了什么？

师：我们把刚才说出来的水果加上去，你们能挑战几颗星？

师：你们很厉害哟！我要再加大难度，请看第二组水果是什么？出示PPT。
（把其中一个两个字的水果名字换成三个字的水果名字，要求幼儿按节拍朗读）

师："哈密瓜"该怎么读呢？

师：这都难不住你们，那最难的来了。出示PPT。（把三种水果全部换成三个字的水果）

师：我们从两颗星开始挑战（如未挑战成功，就放慢节奏，从一颗星开始；如挑战成功，就放快节奏，加大难度）。

4. 激发幼儿对"泥叫吹"的喜爱之情。

师：今天这么多水果，你们在"泥叫吹"区角做过没有？等下一次在"泥叫吹"区角，用泥巴把没做过的水果，还有你知道的今天没出现的水果都做一做，下一次我们接着玩。

活动建议

1. 对水果的种类有一定的了解。
2. 对水果的种类有一定的生活经验。
3. 幼儿对童谣《嘟嘟嘟》内容熟悉，且会玩节奏游戏。

教学材料

嘟嘟嘟（童谣）

嘟嘟嘟、嘟嘟嘟，

一起来捏"泥叫吹"。

捏出苹果红彤彤，

捏出西瓜绿油油，

捏出梨子金灿灿，

小嘴一吹笑哈哈。

嘟嘟嘟（仿编童谣）

嘟嘟嘟、嘟嘟嘟，

一起来捏"泥叫吹"。

捏出＿＿红彤彤，

捏出＿＿绿油油，

捏出＿＿金灿灿，

小嘴一吹笑哈哈。

小鸭找朋友（集体活动）

1. 借助"泥叫吹"教具，感知理解故事内容。

2. 学习礼貌拒绝别人。

3. 借助"泥叫吹"教具仿编部分故事情节。

"泥叫吹"小动物，故事音频。

"泥叫吹"小动物

1. 谈话导入，引出"泥叫吹"小鸭。

师：你们知道我有什么本领吗？（引导幼儿说出小鸭子会游泳，可配动作提醒）

师：今天小鸭子认识了小朋友，真高兴，可是小鸭子还想找一些动物朋友，它又遇到了谁呢？

2. 分段讲述故事。

出示"泥叫吹"小动物，有感情地向幼儿分段讲述故事，并进行提问，引导幼儿思考。

师：小鸭孤单单地在池塘里游泳，它好无聊，它遇到了谁呢？（让幼儿大胆发表自己的想法，发展幼儿的语言表达能力）

师：小鸭想邀请小兔干什么？小兔又是怎么回答它的？

师：小兔好有礼貌啊，在拒绝小鸭的时候先说了对不起！小猫有没有拒绝小鸭？又是怎么回答它的？

引导幼儿理解故事内容并尝试学说故事中的部分对话。

3. 完整倾听故事。

师：小鸭遇到了小青蛙，你觉得小青蛙会不会拒绝小鸭？

通过播放音频带领幼儿完整地欣赏故事，培养幼儿的倾听能力。

师：小鸭终于找到可以和它一起游泳的好朋友了，为什么小兔和小猫不能跟小鸭玩儿呢？小兔和小猫在拒绝小鸭的时候说了些什么？

让幼儿回忆故事部分对话。

小结：小兔和小猫都很有礼貌，在拒绝别人请求的时候先说了对不起，我们也要向它们学习，要有礼貌地拒绝别人。

配以生活中的图片，"如果是你，你会怎么拒绝别人呢？"迁移到幼儿生活经验中，并再次进行总结："在拒绝别人的时候，可以先说对不起，要做个有礼貌的小朋友，礼貌地拒绝别人！"

4. 续编故事。

师：今天老师把其他的小动物也请来了，我们一起来讲一个不一样的小鸭找朋友的故事吧！

带领幼儿变换故事中的角色进行连贯讲述，巩固新知。

师：小朋友们帮小鸭子又找到了一个可以在水里玩的好朋友，它好开心啊，老师会把它投放到我们的语言区角，如果你们帮小鸭子想到了别的会游泳的朋友，一定要和小鸭子说一说，在"泥叫吹"区角里捏一捏。

活动建议

1. 活动的第一环节，可以先进行谈话活动——"我喜欢的动物"，请幼儿在交谈中向同伴介绍自己喜欢的动物，或者说说动物的特征，让大家猜一猜它是谁，然后进行讲述活动。

2. 根据"朋友"的概念在建构区放置一些配对玩具，如瓶和瓶盖、大小不同的两个物体、会游泳和会飞的动物玩具等，供幼儿玩一玩、说一说。

3. 请幼儿回家收集自己喜欢的动物图书，在"我是故事大王"之类的活动中进行讲述。

小鸭找朋友（故事）

池水在睡午觉呢！静静的、柔柔的。一只小鸭就在这样的池塘里游着。小鸭游呀游，池塘里没有一个朋友。呀！孤单单的，真没趣。

一只小兔蹦蹦跳跳地从池塘边路过，小鸭连忙喊："小兔，小兔，你能到池塘里和我一起玩吗？"小兔说："对不起，我不会游泳，不能和你玩。"

一只小猫小跑着从池塘边路过，小鸭连忙喊："小猫，小猫，你能到池塘里和我一起玩吗？"小猫说："对不起，我不会游泳，不能和你玩。"

一只小青蛙跳来，小鸭连忙喊："小青蛙，小青蛙，你能到池塘里和我一起玩吗？"小青蛙高兴地说："好！"小青蛙纵身一跃就跳到了池塘里。

小鸭终于找到能在水里和它一起玩的朋友啦！

附礼貌拒绝的语言参考：

对不起，我不会游泳，不能和你玩。

哎呀！我真想和你玩。可是我不会游泳。对不起！

啊！游泳一定很好玩。等我学会了，再和你一起玩好吗？

喇叭花电话（集体活动）

1. 仔细观察教具，积极猜测，并能用完整的语句表达。

2. 初步理解故事内容。

3.体验故事中角色之间的美好情感。

 活动准备

音乐、教具、头饰、纸电话。

"泥叫吹"教具——喇叭花电话

 **活动过程**

1.谈话导入。

师：今天老师带来了一个漂亮的纸箱，你们猜里面有什么？

幼儿进行猜测（揭开答案）。

再次猜测纸箱里装的是什么，接着猜测树上、树下住的都可能是谁？（幼儿猜测，教师请个别幼儿回答）

2.教师讲述故事。

带着问题示范读童话第一段，揭晓答案。

师：故事中说这是一棵什么样的树？点出词语（很高很高）。什么样的小鸟？有几只？

幼儿点数个数，点出词语（很小很小）。教师点明"泥叫吹"特点，用泥做的能吹响，我们叫它"泥叫吹"小鸟。

师：两家动物想在一起玩，这个想法能不能实现呢？

带着问题示范读童话第二段，揭晓答案。

师：梦想不能实现的原因及心理感受。引导幼儿想去帮助它们实现愿望，教师提问个别幼儿。

让幼儿带着问题去听童话第三段，找出童话里更适合它们的办法。

教师和幼儿一起演示喇叭花的生长过程。在此提出词语——又圆又大。学习词语。拓展生活中有什么又圆又大的东西。

师：有了喇叭花电话，它们会有什么样的对话？

再次听童话第四、五、六段，模仿两种动物对话。提出"悄悄话"一词，让幼儿理解词语，分角色模仿打电话。

教师小结：要多交朋友并说话，心里想说的话还可以说给老师、爸爸妈妈听，说出来后你开心了，大家就都开心了。

3. 教师完整讲述故事，幼儿完整地听一遍童话。

4. 打电话游戏。

活动结束，把教具投放到教室区角里，供幼儿练习。

1. 家长可以在家中与幼儿一起用两个纸杯和细长的线制作简单的玩具电话，并与幼儿一起玩"打电话"的游戏，进行创造性的、丰富的语言对话。

2. 将小鸟和小田鼠胸饰与制作的喇叭花电话放在语言区，幼儿两两结伴，分别扮演小鸟和小田鼠进行对话表演。

喇叭花电话（童话）

一棵很高很高的树上，住着三只很小很小的小鸟。树下住着三只小田鼠。

小鸟想找小田鼠玩，可是，它们还没长好羽毛，不会飞。小田鼠想找小鸟玩，可是，它们不会爬树。

一只小田鼠在树下种了棵喇叭花。喇叭花爬呀爬，爬到了小鸟家。喇叭花开了，又圆又大，变成了小电话。

小田鼠在树下问："喂，是小鸟吗？"小鸟在树上答："喂，是小田鼠吗？"

小鸟们为小田鼠唱歌："嘀嗒，嘀嗒，嘀嘀嗒。"小田鼠为小鸟说歌谣："大尾巴长，大尾巴大……"

一棵喇叭花，连着两个家，小鸟和小田鼠，天天说着悄悄话。

小班社会领域

我们的五色花（集体活动）

活动目标

1. 学习并探索向同伴借颜色的方法。
2. 学说礼貌用语："请你……好吗？谢谢！"
3. 体验帮助他人的乐趣。

活动准备

1. 未涂色的"泥叫吹"五色花人手一个。
2. 每组有四种不同的颜料盒，刷子和湿毛巾。

活动过程

1. 创设情境，引发幼儿参加活动的兴趣。

教师出示"泥叫吹"五色花。

师：五色花原来有一件美丽的衣服，可是魔法师施了魔法，将它们美丽的衣服变没了，大家愿意帮助它们吗？（用难过的语气说）

2. 讲解活动要求。

我们按花瓣的数量分别给五色花表面穿上漂亮的衣服，而且每个花瓣只能涂一种颜色。

涂色时，用哪种颜色的刷子一定要从哪种颜色盒里拿起，用完后放回原处。

我们安静地给五色花穿衣服，如果遇到自己解决不了的问题请举手告诉老师，并悄悄回到自己的小椅子上等待。

（a）材料准备   （b）五色花作品

"泥叫吹"操作材料及作品

3. 讨论如何解决遇到的问题。

请幼儿想一想自己遇到了什么难题，并请个别幼儿说说自己遇到了什么问题。

原来我们的桌子上只有四种不同的颜色，而五色花需要五种不同的颜色，那么大家有好办法来解决这个问题吗？

说什么样的话才能向好朋友借到你需要的颜色呢？我们想用别人的颜色可以有礼貌地说："请你把×色借给我用用好吗？谢谢！"（幼儿学说这句话2～3遍）

请幼儿回到自己的位置继续给五色花涂完颜色，如果大家发现少了一种颜色时，请用"请你把×色借给我用用好吗？谢谢！"借用其他小朋友的颜色。完成的小朋友，请把五色花送到教师手里，然后找到自己的小椅子安静地等待。凡是先涂完并安静等待的小朋友，老师会有神秘礼物送你哟！

4. 五色花对我们表示感谢。

教师分类摆好五色花，并进行讲评。

展示颜色涂得细致的五色花，同时要求其他小朋友也要做到。

鼓励幼儿说出五色花的五种颜色是怎么涂完的。找别的小朋友借颜色时，你是怎么说的呢？"请你把×色借给我用用好吗？谢谢！"

幼儿再次学说"请你把×色借给我用用好吗？谢谢！"

小结：五色花又穿上了美丽的衣服，我们一起听一听五色花要对我们说什么。

1. 在日常生活中提醒幼儿不争抢、不独占玩具，遇到问题要学会与同伴商量。

2. 在家中与其他小朋友玩时，家长可鼓励幼儿将自己的玩具分享给他人，不争抢、不独占。

3. 在语言区准备一些有关分享、谦让等主题的图书，帮助幼儿积累有益经验。

4. 在区角里，幼儿有给立体物品涂过四种以上颜色的经验。

5. 教师准备的五色花大小要与涂色工具的尺寸相符。

小班科学领域

招待客人（集体活动）

活动目标

1. 手口一致地点数5以内的数，并根据数量匹配同样多的物体。

2. 能用"几只××送几×（量词）××"讲述自己的操作过程和结果。

3. 初步感受做客时的快乐，学习招待小客人。

活动准备

1. 材料准备。

教具："泥叫吹"小猫1只、"泥叫吹"小猴子5只、"泥叫吹"香蕉5根、"泥叫吹"盘子5个。

学具：操作板，"泥叫吹"、3～5张小兔子卡片。

2. 经验准备。

幼儿能正确点数5以内物体的数量，具有4以内等量匹配的经验。

"泥叫吹"小猫、小猴、香蕉教具

活动过程

1. 谈话导入，激发幼儿参与做客游戏的兴趣。

师：有一只小猫，搬了新家，它想邀请小动物们去做客，那么来看看都来了谁呢？大家一起数一数来了几只小猴子吧！

2. 给客人准备食物，根据动物数量匹配同样多的食物。

师：小猫准备了食物，应该为它们准备几个盘子呢？为什么？

师：小猴子最喜欢吃什么呢？（香蕉）那么有5只小猴子，应该送几根香蕉呢？（5只小猴子送5根香蕉）

3. 幼儿操作。

小猴子有香蕉吃，但是小兔子也来到了小猫家做客，小猫准备了它们最爱吃的胡萝卜，请小朋友们来帮忙招待小兔子们，给它们送胡萝卜。

操作要求：

要看清楚每个卡槽里面有几只小兔子。一只小兔子只能送一根胡萝卜，要把胡萝卜的叶子露出来，这样小兔子就能吃到了。

边送边说"几只小兔子送几根胡萝卜"。

送完检查一下是不是每只小兔子都有胡萝卜吃。检查之后交给老师，坐在小椅子上安静等待，我们来看看哪位小朋友做得又正确又快。

4. 师幼点评。

师：没有做完的小朋友也拿着你的操作板过来吧，我们一起来检查一下，是不是所有的小兔子都吃到胡萝卜了呢？（幼儿完整地说一下）

活动建议

1. 活动中要注意观察每个幼儿的操作情况，如果幼儿在5以内等量匹配过程中比较轻松，可适当地增加数量到6。

2. 排序板的操作顺序要强调从左到右。

3. 教师的语言可以跌宕起伏，使表达更生动。

教学材料

教学材料见下图。

"招待客人"教学材料

分豆子（集体活动）

活动目标

1. 能按豆子品种进行分类，说出每种豆子的数量。

2. 能手口一致地点数5以内的数，并能给每种豆子按数量匹配相应的点卡。

3. 乐意参与本次活动，活动结束后能将操作过的材料收拾整齐。

活动准备

1. 材料准备。

教具：将三种大粒豆子（蚕豆、黄豆、白芸豆）混放在一个盘子中，每种数量在5以内；1～5的点卡，分类盒一个。

学具：将三种大粒豆子（红豆、绿豆、黄豆）混放在一个盘子中，每种数量在5以内；1～5的点卡，分类盒等人手一份。

2. 经验准备。

幼儿初步具备按照物体品种进行分类的能力，能用4以内的点卡表示物体数量。

"泥叫吹"豆子、点卡和分类盒

1."种豆子"手指律动。

师："我种了一颗豆，它发了一棵芽，它使劲使劲往上爬……"

2.学习有关豆子的活动课。

师：我们刚刚做的这个手指律动叫什么名字？老师今天带来了许多豆子，你们数3个数，我把它们请出来。

师：这里面有哪些豆子呢？让我们一起来看一看！（蚕豆、黄豆、白芸豆）

师：我的豆子有一个非常神奇的功能，想不想知道？

3.分豆子。

师：我这个盒子里有许多许多的豆子，但是我们的客人想要知道每种豆子有几颗，该怎么办呢？

仔细观察分类盒上面的标记，请三位小朋友把相同种类的豆子放在一起。（其他幼儿观察对错）

4.数豆子、插点卡。

师：豆子已经分好了，但是每种豆子到底有多少，我们还是不知道呀。（数一数）

师：有没有让我们的客人看一眼就知道每种豆子有多少的方法？（拿出点卡、讲解点卡，如3颗蚕豆用3的点卡，请幼儿继续说出4和5）

5.乐意动手操作、学习用点卡表示物体数量。（介绍操作材料，幼儿操作）

每个小朋友一组分类盒、一盘不同种类的豆子、一份点卡。

请先把相同种类的豆子放进分类盒中，然后数一数每种豆子有几颗，把点卡贴上去，注意盒子后面有双面胶，粘在双面胶的位置，完成之后把装点卡的袋子放进篮子里，回到小椅子上坐好。

6. 交流分享，介绍操作结果。

把幼儿的操作结果分类展示，并分类点评。

请幼儿说一说自己的操作结果。

1. 活动操作的豆子为大粒豆子。

2. 根据当地实际情况选择豆子种类。

3. 材料的种类和数量应均控制在5以内，以利于幼儿感知5以内的数量。

4. 先将豆子进行分类，再进行点数，这样就将分类与计数两种活动自然地结合在一起了。

教学材料见下图。

"分豆子"教学材料

小鸭小鸡（集体活动）

活动目标

1. 初步熟悉歌曲的旋律，理解歌词内容。
2. 通过"泥叫吹"的提示，尝试区别和学唱小鸭、小鸡不同节奏的叫声。
3. 初步学习有控制地演唱，努力使自己的歌声与伴奏琴声保持一致。

活动准备

1. 道具："泥叫吹"小鸭、小鸡，小鸭嘴巴9张、小鸡嘴巴9张，奖杯，奖品。
2. 面包机、CD。

"泥叫吹"小鸭、小鸡等道具

活动过程

1. 奖杯导入，激发兴趣。

出示奖杯，激发幼儿的兴趣，并以奖杯登台闯关的形式使幼儿更有积极性。当幼儿的兴趣被激发起来，注意力也集中起来后，顺势进入活动。

2. 闯关。

第一关考验幼儿眼力，教师出示"泥叫吹"小鸭嘴巴，幼儿观察并说出是哪只小动物的嘴巴，从而引出"小鸭"。

师：一张小鸭嘴巴代表一声"呷"。

教师出示三张小鸭嘴巴，幼儿对着"泥叫吹"小鸭嘴巴说出三声"呷、呷、呷"，从而引出歌词并带领幼儿读一读"小鸭呷呷呷"。教师给予激励，把奖杯在奖杯台上升一层。

第二关考验幼儿脑力，教师出谜语"远看像黄球，近看毛茸茸，爱吃小米和小虫"激发幼儿的想象，培养幼儿的想象力和语言表达能力。

师：小鸡是怎么叫的呢？同样，小鸡的一张嘴巴代表一声叽。（教师出示三张"泥叫吹"小鸡嘴巴）

第三关考验幼儿听力。

师：小鸭、小鸡碰在一起还会发生别的事情吗？还会发出不同节奏的叫声吗？

3. 巩固歌词。

教师先带领幼儿读一遍歌词，分句、分段、完整范唱，之后幼儿分句、分段、完整演唱，考验记忆力与歌唱能力。

4. 结束部分。

教师进行最后环节——颁发奖杯，奖励奖品。

1. 待幼儿更熟悉歌曲后，教师与幼儿、幼儿与幼儿分别扮演小鸭或小鸡，唱到叫声处分别演唱相应的歌词。

2. 在体育活动中玩"小鸡吃米"游戏；在美术活动中引导幼儿用绘画、粘贴等多种形式表现小鸭、小鸡，增进幼儿对小鸭、小鸡的感知。

小鸭小鸡

1=C 4/4

佚名 歌曲

1 2 3 3 - | 2 3 5 5 - | 1 2 3 3 3 | 2 3 5 5 5 |

小鸭 小 鸡， 碰在一起。 小鸭 呷 呷 呷，小鸡 叽 叽 叽，

3 3 3 5 5 5 | 3 3 3 5 5 5 | 1 2 3 3 - | 2 3 5 1 - ‖

呷呷呷 叽叽叽， 呷呷呷 叽叽叽。 一同唱歌， 一同游 戏。

小小蛋儿把门开（集体活动）

活动目标

1. 初步感知歌曲，在欣赏、倾听的过程中，进一步理解歌词内容，尝试跟唱。

2. 通过"泥叫吹"教具尝试理解、记忆歌词。

3. 乐意参与集体演唱活动，感受小鸡破壳而出的乐趣。

活动准备

1. 物质准备：鸡蛋，"泥叫吹"小鸡（3个大的、8个小的），"泥叫吹"羽毛1个（表示毛茸茸），多个卵生孵化动物藏在蛋壳里。

2. 经验准备：幼儿已看过幼儿操作材料"小小蛋儿把门开"，有小鸡是由鸡蛋孵出的经验。

"小小蛋儿把门开"的道具

1. 出示鸡蛋、"泥叫吹"小鸡，调动幼儿的已有经验。

师：这是什么？鸡蛋里面藏着谁？

师：小鸡想要给我们唱一首好听的歌，我们一起来听听吧。

完整欣赏音乐，教师弹唱，幼儿初步感受旋律与内容。

师：听完刚刚的歌你的心情怎么样？（开心、快乐、激动、幸福等）

2. 通过多次倾听歌曲《小小蛋儿把门开》，并借助"泥叫吹"提示，初步理解歌词大意。

师：小鸡想出壳，小小蛋儿怎么样了？

师：刚出壳的小鸡是什么样的？

师：小鸡是怎样唱歌的？我们一起来学一学。

幼儿说出一句关键歌词，教师拿出相对应的"泥叫吹"。

教师带领幼儿读歌词，并整理歌词顺序。

3. 创设故事情境，幼儿学唱歌曲。

师：这个里面藏了一个蛋宝宝，但是这个蛋宝宝被女巫施了魔法，困在里面出不来，如果想救蛋宝宝就必须学会咒语，只有咒语才能解救蛋宝宝。那我们现在来学学咒语吧。（教师出示蛋宝宝，创设故事情境）

4. 出示多个蛋宝宝，引发幼儿歌唱的兴趣。

师：告诉你们一个好消息，又来了好多蛋宝宝，你们来猜一猜蛋宝宝里藏着谁？

5. 玩"小小蛋儿把门开"游戏，进一步引导幼儿学唱歌曲。

师：现在让我们变成小鸡，准备出壳吧，看一看这次会孵出几只小鸡来。

6. 创编动作，创编歌曲。

师：老师把这些蛋宝宝放到音乐区角里，区角游戏的时候，你们可以去音乐区角和蛋宝宝们一起唱歌。

1. 在音乐区角提供蛋壳和多种由蛋孵化而成的小动物的"泥叫吹"道具，供幼儿进行歌词创编活动和自由表演。

2. 当幼儿熟悉歌曲后，可以引导幼儿将其他卵生动物创编进歌词，如小鸭、小鸟等。

教学材料

小小蛋儿把门开

1=E 2/4

1 3 | 1 3 | 1 5 5 | 5 - | 3 5 | 3 5 | 3 2 2 | 2 - |
小 小 蛋 儿 把 门 开， 开 出 一 只 小 鸡 来，

1 3 | 1 3 | 5 4 4 | 4 - | 5 5 4 4 3 3 2 2 | 7 5 6 7 | 1 - |
毛 茸 茸 呀 胖 乎 乎， 叽叽 叽叽 叽叽 叽叽 唱 起 来。

河里的小蝌蚪（集体活动）

1. 初步掌握制作"泥叫吹"小蝌蚪的步骤。

2. 学习运用团、推的方法表现小蝌蚪的基本特征。

3. 感受泥工活动的乐趣。

 活动准备

"泥叫吹"小蝌蚪一只、小蝌蚪变青蛙视频、幼儿人手一份泥巴、"泥叫吹"开口工具一套。

活动过程

1. 导入活动，引起幼儿兴趣。

师：你们见过小蝌蚪吗？它是什么样子的？

师：那你知道小蝌蚪的妈妈是谁吗？它长大以后会变成什么样子呢？（播放视频）

师：原来小蝌蚪慢慢长大后就变成了青蛙，你们喜欢可爱的小蝌蚪吗？今天，我们一起来动手做一只小蝌蚪吧！

2. 观察小蝌蚪，了解它的基本特征。

师：小蝌蚪是什么样子的？什么颜色的？（它是黑色的，身体圆圆的，有条小尾毛）

3. 教师示范制作"泥叫吹"小蝌蚪。

师：你们想做一只这样可爱的小蝌蚪吗？下面来看一看老师是怎么做的。（教师边示范边讲解：先取一块泥巴，放在手心团成一个圆形，然后用手轻轻地推出小蝌蚪的尾巴。）

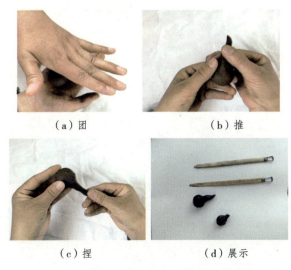

（a）团　　　　　　　　（b）推

（c）捏　　　　　　　　（d）展示

制作"泥叫吹"小蝌蚪的过程

4.幼儿动手制作"泥叫吹"小蝌蚪，教师介绍材料及操作要求。

教师巡视，指导个别幼儿。

5.幼儿作品展示，互相欣赏。

1.在美工区放置捶好的泥巴，让幼儿在区角时继续进行各种泥工活动，制作自己熟悉的、造型简单的小动物等。

2.结合科学活动，了解小蝌蚪变成青蛙的成长过程，了解小青蛙吃害虫，我们要保护它。

第三篇

"泥叫吹"

中班课程

（上期）

赶小猪（集体活动）

活动目标

1. 能用小棍推球往前走。

2. 尝试推球绕过障碍物，将球赶到指定地点。

3. 能努力完成任务，体验游戏带来的挑战与乐趣。

活动准备

1. 塑料小棍人手1根，"泥叫吹"篮球人手1个，"泥叫吹"手枪、地雷等5～6件（障碍物）。

2. 音乐《天使》《最美的光》。

3. 场地画起点线，距离起点线4米左右再画一条线，6个盒子做的小屋（小猪的家）分别贴数字1～6。

（a）"泥叫吹"手枪、地雷　　　　　　　（b）盒子小屋

"泥叫吹"教具

1. 开始部分。

整理队列，开始热身运动，幼儿随音乐《天使》活动，顺序为头→肩→手腕→腰→弯腰→下蹲→踢腿→跳跃。

2. 基本部分。

设置情境，帮助猪妈妈送小猪回新家。

师：怎样让这个小猪听你的话，乖乖地滚到对面的房子里？（出示"泥叫吹"篮球）

学习用小棍推球往前走。

师：你会用小棍把小猪赶到房子里吗？（出示小棍）

幼儿探索，练习用小棍推球往前走。

教师交代游戏要求与规则。

幼儿一个接一个地拿小棍和"泥叫吹"篮球去场地尝试"赶小猪"。

听到哨声后停止赶小猪，回到场外集合。集合时，棍头朝下不能对着别人，也不能对着自己，快速走到队伍里面。

集合谈话：你刚刚是怎么赶小猪的？请个别幼儿示范。

引导幼儿在游戏中逐渐发现，推小猪的力量不能太大，要站在小猪后面或旁边推着它走。

教师归纳动作要领：弯腰，手握小棍，轻轻推着往前滚。

3. 游戏《赶小猪》。

幼儿分六组站在起点线后，教师介绍游戏玩法和规则要求：每队的第一名幼儿到达红线处，第二名幼儿开始出发，后面的幼儿以此类推。每组将小猪赶回家的幼儿，站在小猪家后给队友加油。给速度慢、但坚持完成任务的小组以掌声鼓励。

提升控球难度，设置障碍。

幼儿分六组竞赛，进行控球练习，绕过障碍物，把小猪安全送回家（锻炼幼儿的集体观，让幼儿感受集体运动的快乐）。

4. 结束部分。

播放音乐《最美的光》做放松运动（肩、手、腰、腿），让幼儿放松身体，引

导同伴之间互相合作放松。

1. 此活动可在平时的户外活动时间重复进行。

2. 家长在家中可以与幼儿合作游戏，共同赶小猪回家，培养幼儿的合作能力。

中班语言领域

方爷爷和圆奶奶（集体活动）

活动目标

1. 赏析故事，发现生活中用圆形、方形组成的不同物品，并运用不同的方法数数。

2. 知道不同的图形都有各自的作用，感受图形的组合美。

3. 通过出示"泥叫吹"作品，激发幼儿对"泥叫吹"泥工活动的兴趣。

活动准备

故事PPT、不同家具用品图片。

（a）"泥叫吹"方爷爷、圆奶奶

（b）"泥叫吹"冰箱、洗衣机

"泥叫吹"教具

活动过程

1. 认识角色，引发兴趣。

师：小朋友们，老师请来了两位特别的人，看，是谁呢？

他们是用什么做的？（"泥叫吹"是用一块泥做出来的，还能吹响）除了是用泥做的、能吹响之外，你还发现了什么？

这位爷爷长得什么样？（脸方方的，这位爷爷的脸方方的，我们叫他方爷爷）

这位奶奶长得什么样？（脸圆圆的，这位奶奶的脸圆圆的，我们叫她圆奶奶）

出示图书，方爷爷和圆奶奶是相亲相爱的一家人，一起来听一听他们会发生什么事？

2. 欣赏故事，理解内容。

（出示PPT）山脚下住着一户人家，家里有老爷爷和老奶奶，老爷爷高高的个子，挺瘦，长着方脸盘；老奶奶矮矮的个子，挺胖，长着圆脸盘。所以大家都叫他们方爷爷和圆奶奶。方爷爷喜欢方东西，他坐，要用方凳；喝酒，要用方杯；就连走路，也要迈四方步。

提问：（请你仔细观察图片）方爷爷喜欢的东西还有哪些是方方的？方爷爷喜欢的东西是方形的，那么圆奶奶喜欢的东西会是什么样的？

（观察图片）圆奶奶喜欢圆东西，她吃饭，要用圆桌；梳头，要照圆镜；睡觉的时候不用枕头，枕一个圆圆的大南瓜。

小结：方爷爷和圆奶奶真的是非常喜欢方东西与圆东西呢！

3.（出示PPT）交流讨论，方和圆分家。

可是有一天，老两口吵了嘴，要分家。方爷爷说"方东西是我的"，圆奶奶说"圆东西是我的"。好，就这么定啦，分吧。

他们怎么分？（方爷爷拿方东西，圆奶奶拿圆东西）

他们分成功了吗？为什么？（很多东西既有圆又有方，把它们分开也许是不合适的，有时候方的和圆的在一起，它们的本领才会更大）

4. 参观新家，数数方和圆。

师：方爷爷和圆奶奶和好了，从此他们喜欢上了既有方又有圆的东西，现在他们搬了新家，家里的东西既有圆的也有方的，我们一起去看看吧。

出示房子PPT，新房子有方爷爷和圆奶奶喜欢的形状吗？你发现了什么？有几个方形，几个圆形？你们怎么数的？原来可以从上往下数，也可以从下往上数，这样才不会漏。（方爷爷和圆奶奶的房子由4个方形和1个圆形组成，请幼儿数一数）

师：邀请幼儿帮忙数一数，有几个方形和圆形？（出示新彩电PPT）

小结：原来，从上到下，从里到外，这样就不会漏数。

5. 操作游戏。

师：方爷爷和圆奶奶在家具店订购了许多家具，帮忙数数圆形有几个，方形有几个，并告诉方爷爷和圆奶奶。

幼儿操作，教师巡视指导。

（游戏验证）说说你搬的是什么东西，由几个方形和圆形组成。每个东西上面都有方形和圆形，分都分不开，家也不是随便分的。

1. 在美工区，提供各种大小的方形和圆形图片，引导幼儿进行拼贴组合，添画设计不同的物品造型。

2. 观察不同实物的图片，说出它们的形状，并按照它们各自不同的图形分类摆放。

3. 在泥工坊提供捶好的泥巴，引导幼儿塑形各种各样的物品。

4. 在阅读区，提供故事图书和图片，鼓励幼儿翻阅图书讲述故事。

方爷爷与圆奶奶（故事）

山脚下住着一户人家，家里有一位老公公和一位老婆婆。

老公公高高的个子，挺瘦，长着方脸盘。老婆婆矮矮的个子，挺胖，长着圆脸盘。

方脸老公公喜欢方东西：他坐，要用方凳；喝酒，要用方杯；就连走路，也要迈四方步。

圆脸老婆婆喜欢圆东西：她吃饭，要用圆桌；梳头，要照圆镜；睡觉的时候不用枕头，枕一个圆圆的大南瓜。

有一天，老两口吵了嘴，要分家。

老公公说："方东西是我的！"老婆婆说："圆东西是我的！"

"好，就这么定啦，分吧。"

老公公站在小院儿里一看，说："房子是方的，归我。"

老婆婆说："橡头是圆的，我得把房顶拆了……"

老公公指着家具说："桌凳是方的，归我。"

老婆婆说："钉子是圆的，我得把钉子都取下来……"

老两口分了一上午，越分越分不清楚。瞧吧：

被子是方的，被面上绣的花是圆的！

菜刀是方的，刀柄是圆的！

褂子是方的，袖子是圆的！

……

于是，老爷爷和老奶奶不分家了。现在，他们越过越快乐。

好玩的"泥叫吹"（集体活动）

活动目标

1. 理解诗歌内容，初步感知诗歌的结构特点。

2. 能够尝试根据句式特点大胆地进行仿编。

3. 乐意参与活动，培养热爱家乡的情感。

活动准备

1. 物质准备：好玩的"泥叫吹"图谱一份，"泥叫吹"小鸭、小狗、小羊、青蛙，配音《泥叫吹》。

2. 经验准备：幼儿在日常活动中已经了解常见动物的特征。

"泥叫吹"青蛙

1. 谈话导入，激发幼儿兴趣。

师：这是什么？为什么叫"泥叫吹"呢？只有哪里才有？

师：今天老师也带来了一些"泥叫吹"作品，我们来看一看都有什么吧。我把它们编成了一首好听的儿歌，一起来听一听吧。

2. 欣赏诗歌，理解诗歌内容。

师：小朋友们都听到了什么？

3. 借助图谱，再次加深对诗歌的理解。

师：除了这些，还听到了什么呢？我们一起来看一看诗歌究竟是怎么说的。

4. 借助图片，分句理解诗歌。

师：第一张图片是？捏只什么？小鸭子怎么叫？叫了几声呀？身子直摇，摇这个动作是怎么做的呀？

师：接下来捏只什么？然后捏只什么？爱吃什么？最后这句呢？

5. 幼儿分形式朗诵诗歌，教师说第一句，幼儿说第二句。

6. 幼儿借助图片感知诗歌的句式特点。

引导幼儿发现重复的地方。

小结：第一句是一样的，小动物都叫了三声。还有一个一样的地方——每只小动物的名字都是两个字的。那有什么不一样呢？

师：原来这首诗歌，第一句都是泥叫吹，嘟嘟响。第二句都是捏只两个字的小动物和它们的三声叫声以及各自的特征。

7. 巩固经验，尝试仿编。

教师示范仿编。

师：除了诗歌中的小动物，还有哪些小动物呢？它们是怎么叫的？爱吃什么？我们一起用诗歌中的话来说一说。

小结：原来"泥叫吹"不仅可以吹响，还可以捏出各种各样的造型。

1. 下一次的集中教育活动中，可以让幼儿开展艺术领域的泥工活动"小鸭子"。

2.可以把图谱投放在语言区角里，让幼儿继续仿编。

教学材料

好玩的泥叫吹（儿歌）

泥叫吹，嘟嘟响。捏只小羊"咩咩咩"——爱吃青草。

泥叫吹，嘟嘟响。捏只青蛙"呱呱呱"——爱吃蚊子。

泥叫吹，嘟嘟响。捏只小鸭"嘎嘎嘎"——身子直摇。

泥叫吹，嘟嘟响。捏只小狗"汪汪汪"——爱吃骨头。

泥叫吹，嘟嘟响。捏只小羊"咩　　咩　　咩"——爱吃青草。

泥叫吹，嘟嘟响。捏只青蛙"呱　　呱　　呱"——爱吃蚊子。

泥叫吹，嘟嘟响。捏只小鸭"嘎　　嘎　　嘎"——身子直摇。

泥叫吹，嘟嘟响。捏只小狗"汪　　汪　　汪"——爱吃骨头。

"好玩的泥叫吹"图谱

小小送货员（集体活动）

活动目标

1. 正确感知7以内的数量。

2. 能看懂订货单上的图标，并按图标拿取相应数量的物品。

3. 愿意与同伴一起活动，并能按要求检查操作结果。

活动准备

1. 教具：订货单、小猪佩奇（猪爸爸）、货物（"泥叫吹"作品）、货架一个。

2. 学具：人手一张订货单、货物卡片、胶水、毛巾。

"泥叫吹"鞭炮、苹果、珠子

活动过程

1. 观察、理解订货单。

教师出示猪爸爸，介绍它的身份：佩奇开了一家网上超市，朋友们只要把自己想买的东西和数量告诉猪爸爸，它就会根据朋友们的订货单将货物一样不少地送到它们的家里。因此，朋友们都喜欢在猪爸爸家订货。今天又有一位客人在猪爸爸家订货了，现在让我们一起来看一看订的是什么货，需要多少呢？

出示订货单，幼儿理解订货单的含义，观察订货单上有什么，了解这些标记和数字表示什么意思。（请幼儿站起来说一说）

2.学习按订货单取实物。

师：（进一步提出问题）哪位小朋友会帮助猪爸爸按照这张订货单选取货物，不多也不少呢？

邀请个别幼儿根据订货单上的标记和数字选取相应数量的货物。

集体验证对错，并一起完整地说一说。

3.幼儿操作。

介绍操作要求，今天超市的订货单太多了，猪爸爸一个人忙不过来，它邀请小朋友们一起来帮忙，按照订货单上的要求准备好货物。小朋友们要按照订货单上的标记和数字拿取货物，请记住，不能多也不能少。

幼儿操作，教师观察幼儿能否按照订货单上的标记与数字拿取相应的货物。

4.集体检查与验证。

展示幼儿的操作单，首先让幼儿进行观察，然后教师进行分类点评。

小结：猪爸爸今天特别开心，非常感谢小朋友们的帮忙，因为小朋友们都正确地配送了货物。

1. 这次活动的重点是让幼儿能按照标记和数字的要求，拿取相应数量的物体。因此帮助幼儿认识订货单和理解订货单上的标记与数字的意义就是这次活动的关键。

2. 幼儿的操作材料可以根据现有条件提供，可以是造型、大小、颜色等不同的物品，如玩的、用的、吃的等。当然，操作材料变了，订货单上的标记也要做调整，需要注意的是，每张订货单上物品的种类和数量是不一样的，数量应在7以内。

3. 在区域游戏中提供数物拼板，帮助幼儿进一步理解7以内数的实际意义。

教学材料见下图。

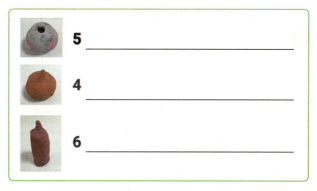

"小小送货员"教学材料

佩奇请客（集体活动）

活动目标

1. 能用两种形状的材料，有规律地间隔排序。

2. 尝试用多种方法进行有规律的排序。

3. 让幼儿在自由探索的活动中体验排序活动的乐趣。

活动准备

1. 教具："泥叫吹"佩奇、苹果、梨，纸箱、白布、大黑板、绳子、挂钩、轻音乐、PPT。

2. 学具：泥做的长糖果、圆糖果、穿绳。

"泥叫吹"苹果、梨等

活动过程

1. 师生谈话，导入新课。

师：你能猜出它是谁吗？（出示"泥叫吹"佩奇）

2. 听汽车发出的声音，复习ABAB式交替排序。

佩奇想邀请小朋友们去它家做客，跟着老师的汽车出发吧。

"嘀嘟、嘀嘟、嘀嘟"，汽车到站啦，请小朋友们下车吧。刚才我们听到汽车发出的声音是什么样子的？谁来说一说？（嘀和嘟交替排列）

3. 引导幼儿观察水果摆放的位置，让幼儿尝试说出水果摆放的规律。

出示"泥叫吹"苹果和梨。请幼儿看一看佩奇是怎么摆放苹果和梨的。

第一盘水果是一个苹果一个梨，交替排列。

那谁能接着佩奇的摆放顺序往下呢？请小朋友们试一试。

摆出两组，请小朋友接着往下摆吧！哪位小朋友来读一读摆放的规律呢？

通过观察，发现第二盘水果的摆放顺序是一个苹果两个梨，三个为一组。

4. 引导幼儿观察比较两次水果摆放的规律。

引导幼儿观察：两次的水果都是苹果和梨交替排列，但是第二次是一个和两个交替排列的，除了可以这样排列，还可以怎么排列呢？（拓展幼儿思路）

5. 幼儿动手操作。

师：讲解操作材料，佩奇还给小朋友们准备了很多糖果，要送给小朋友们，不过它喜欢有规律地排一排，你们可以像它一样排，也可以选择其他办法。糖果盒里有两种糖果，长糖果和圆糖果，请大家取出绳子，把糖果有规律地穿起来吧！

6. 幼儿展示，教师点评。

展示幼儿作品，请个别小朋友说说自己的排列方法。今天大家帮助佩奇穿好了糖果，它真开心啊！接下来让我们带着礼物一起去玩吧！

活动建议

1. 在幼儿串珠之后，呈现幼儿作品时，教师应有意识地将幼儿的作品分类摆放，便于幼儿欣赏和比较。

2. 活动结束后，可以让幼儿在教室里找一找还有哪些物体可以有规律地排一排，利用教室内的大小积木、绒球、瓶盖等进行有规律的排序。设置小展台，将幼儿的作品摆放在上面。

3.美工区渗透此部分的内容，让幼儿装饰帽子、裙子等。

教学材料见下图。

"泥叫吹"菱角、珠子和绳子

排排队（集体活动）

活动目标

1.观察、比较5个物体的大小，并进行排序。

2.尝试用语言表述排序方法（如大的、小的、小一点的、较小的、最小的，小的、大的、大一点的、较大的、最大的）。

3.能按要求使用，整理操作材料。

活动准备

1.教具：5个不同大小的"泥叫吹"苹果2组，纸箱排序板，小红旗，5个大小不一样的盒子。

2.学具：泥做的糖果、沙包、蛋托、排序板、盒子。

（a）"泥叫吹"苹果　　　（b）"泥叫吹"沙包

"排排队"教具

1.情境导入，激发兴趣。

师：今天班里来了5个小客人，在我请它们来的时候，请大家帮我数一数。

教师先挑选3个有差异的苹果，引导幼儿观察：现在有几个苹果？还需要再请几个苹果？

2.学习按大、小进行排队。

师：你们看出谁大了吗？请给这5个苹果排排队。

师：（出示排序板、小红旗）你们知道应该怎么做吗？谁应该排在第一个呢？

教师请一名幼儿上来找出排在第一个的苹果并提问：为什么请它排在第一个呢？你是怎么知道的？接下来你准备用什么样的顺序来进行排队呢？并请幼儿阐述自己的理由。

教师引导幼儿进行集体验证。

小结：排序首先要拿出排序板，从红旗的后面一个接一个有序地进行排序。（从左往右说也可以）大的在前面，后面的一面比一面小，这就叫从大到小的排序。（大的、小的、小一点的、较小的、最小的）

3.更换排列队形，继续给苹果排队。（从小到大）

师：请一名小朋友继续给5个不同大小的苹果排队，你还可以按什么顺序给它们排队呢？

小结：小的在前面，后面的一个比一个大，这叫从小到大的顺序。（小的、大的、大一点的、较大的、最大的）

4.幼儿通过操作进行排序，给5个不同大小的物体排队。

师：现在有一个难题要考考小朋友们，请小朋友们把5个客人的礼物排排队，

排完队之后把它们送回家。（排好之后送回到5个不同大小的盒子里）

5. 活动评价。

师幼共同回顾，按从小到大、从大到小的顺序进行排列，并说出它们的名字（大的、小的、小一点的、较小的、最小的，小的、大的、大一点的、较大的、最大的）。

教师展示个别幼儿的操作结果，引导全体幼儿进行验证，检查是否有序地进行排列，如有问题再进行讨论与调整。

在幼儿进行排队时，教师应鼓励幼儿用语言表述排序的方法，如大的、小的、小一点的、较小的、最小的。让幼儿通过语言进一步内化大小排序的方法。

教学材料见下图。

"排排队"教学材料

中班艺术领域

神奇的小叫吹（集体活动）

活动目标

1. 熟悉音乐旋律，理解歌词内容，用自然的声音演唱歌曲。

2. 在理解、熟悉歌曲的基础上，借助教师的提示尝试替换部分歌词。

3. 在游戏中逐步感受问答的挑战与快乐，愉快积极地参与歌唱活动。

活动准备

1. 经验准备：幼儿制作过"泥叫吹"，知道"泥叫吹"的制作方法。

2. 物质准备："泥叫吹"作品若干、图谱一份、歌曲录音一份。

"泥叫吹"作品

活动过程

1. 谈话导入，迁移出幼儿过去制作"泥叫吹"的经验。

它是什么？用什么做的？有什么本领？

2. 倾听歌曲，理解歌词，学唱歌曲。

教师第一遍范唱歌曲，幼儿完整欣赏歌曲，对歌曲有一个初步的了解。

师：你在歌曲中听到了什么？

师：（范唱歌曲）歌曲中到底捏了什么呢？是怎么捏的？

教师范唱歌曲，并出示图谱，进一步加深幼儿对歌词内容的理解。

教师范唱歌曲，请幼儿观看图谱，试着演唱歌曲。

3. 借助"泥叫吹"引导幼儿创编歌词。

教师出示"泥叫吹"教具，幼儿尝试替换歌词进行演唱。

师：还可以捏什么呢？（小白兔、小鸭子、小花狗……）一起来试着唱一唱。

4. 游戏"点兵点将"。

通过游戏"点兵点将"让幼儿感受创编的乐趣，感受问答挑战与快乐。

教师任意拿一"泥叫吹"作品，并随音乐做"点兵点将"，唱到歌曲的最后一句"捏的是什么？"时，指到谁，谁就用教师拿的"泥叫吹"作品创编歌曲。

个别幼儿尝试做"小老师"，唱歌并玩"点兵点将"游戏。

1. 可以将此活动放在音乐区角中，让幼儿自主选择"泥叫吹"作品，创编歌曲"捏的×××"这句，并进行歌唱表演。

2. 可将活动延伸到区域活动中，让幼儿动手捏出自己想捏的"泥叫吹"作品，并到音乐区角中演唱。

神奇的小叫吹

1=C 2/4

A段

1 12 | 3 - | 5563 | 2 - | 3355 | 11 2 | 6216 |

黄 泥 巴， 真呀真神 奇。 会变魔法 还会响，还呀还会

1 - | 1112 | 3 - | 5563 | 2 - | 5566 | 11 2 |

响。 手掌团一 团， 手指捏一 捏， 猜猜捏的 是什么？

6216 | 1 - | XXXX | X - | XXXX | X - ‖

捏的是什 么？ 捏的是什 么？ 捏的小叫 吹。

拍手唱歌笑呵呵（集体活动）

活动目标

1. 熟悉音乐旋律，借助"泥叫吹"理解记忆歌词。在倾听、模仿游戏中逐步学唱歌曲并尝试替换歌词，同时表现出歌曲活泼、欢快、轻松的情绪。

2. 通过动作表演，模仿表情动作，在歌曲演唱完后和同伴玩"照镜子"游戏，静止不动。

3. 在与同伴相互演唱、游戏时用眼神交流，体验歌曲的快乐情绪。

活动准备

1. 环境准备：幼儿围坐成一个方形。

2. 物质准备："泥叫吹"娃娃、钢琴、CD、播放器。

3. 经验准备：幼儿有动作和表情表演的经验，有两两合作、玩"照镜子"游戏的经验。

"泥叫吹"娃娃

活动过程

1. 幼儿倾听教师讲述故事。

师：今天有两个好朋友，他们一起手拉手做游戏。他们会玩什么游戏呢？一起来听一听。

2. 欣赏教师范唱歌曲。

第一遍范唱歌曲，提问：你的眼睛里有谁？我的眼睛里有谁？

第二遍范唱歌曲，提问：我们两个怎么坐啊？

第三遍范唱歌曲，提问：我们面对面坐一起做什么事？

第四遍范唱歌曲，提问：我做了什么动作？你们跟我学一学。

第五遍范唱歌曲，提问：我又做了什么动作？你们也来学一学。

3. 学唱歌曲，玩"照镜子"游戏。

师幼一起边做动作边演唱歌曲，演唱完，幼儿模仿老师照镜子的动作，保持3秒不动。

请一名幼儿扮演老师，演唱完，其他幼儿模仿"小老师"照镜子的动作，保持3秒不动。

交换角色，造型保持3秒不动。

引导幼儿关注表情，创意有趣的面部动作或搞怪的造型。

4. 改编歌词，将歌曲最后的"笑呵呵"改编成三个字的歌词，并做出相应的动作。

师："拍手唱歌笑呵呵"还可以换成拍手唱歌干什么呢？（握握手、点点头）

替换歌词，尝试演唱歌曲。

5. 检验环节。

幼儿完整演唱歌曲，教师做"笑呵呵"的动作，幼儿唱"笑呵呵"；教师做"点点头"的动作，幼儿唱"点点头"。

6. 放松游戏。

最后摆造型，变成"挠痒痒"，唱完歌曲，大家相互挠痒痒。

可以在美工区绘画"我的好朋友的脸"，也可以玩"盲人摸象"的游戏。

教学材料

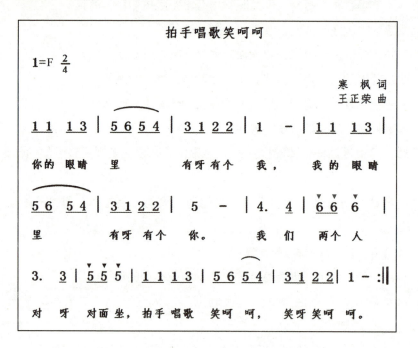

拍手唱歌笑呵呵

1=F 2/4

寒 枫 词
王正荣 曲

1 1 1 3 | 5 6 5 4 | 3 1 2 2 | 1 — | 1 1 1 3 |

你的 眼睛 里　　　有呀有个 我，　我的 眼睛

5 6 5 4 | 3 1 2 2 | 5 — | 4. 4 | 6 6 6 |

里　　　有呀有个 你。　我们　两个人

3. 3 | 5 5 5 | 1 1 1 3 | 5 6 5 4 | 3 1 2 2 | 1 — :||

对 呀 对面坐，拍手唱歌 笑呵 呵，笑呀笑呵 呵。

鸭子上桥（集体活动）

活动目标

1. 感受乐曲轻松活泼的氛围，尝试创编鸭子的造型，并和乐做"鸭子上桥"动作。

2. 迁移已有经验，通过倾听音乐中的序数，与同伴分组表演，并根据音乐变化做出动作。

3. 在分组表演时，明确自己的分工，与同伴合作。

活动准备

"泥叫吹"鸭子若干个、"泥叫吹"小桥1个、1～8数字卡、CD、小鸭子造型图片若干、鸭子领队牌3～4个。

"泥叫吹"鸭子、小桥

 活动过程

1.《十二生肖》舞蹈导入。

师：老师今天给你们请来了一些小客人，我们一起来看一下是谁吧！教师出示小鸭子。

2. 清唱表演。

师：歌曲中唱哪一个字的时候小鸭子走上桥了？（若没有幼儿答出，教师再次范唱）现在小鸭子都上桥了，小桥会怎么样？

3. 清唱表演下段。

师：让我们听一下它们是怎么回的家吧。引导幼儿说出第八只，并请幼儿唱出接下来出来的鸭子数量。

师：八只鸭子上了桥，小小木桥摇啊摇，现在八只鸭子下了桥，小木桥还会摇吗？让我们一起来听一下吧。

4. 出示图谱。

师：请小朋友们观察一下这些鸭子有什么不一样。你最喜欢哪只小鸭子？模仿出来，看谁模仿得最像。

师：原来小鸭子能做出许多不同的造型，来看一下老师请来的小鸭子能做出什么造型吧。（播放CD，出场造型定住）

教师将幼儿分组，请幼儿分组表演并进行比赛；播放CD。

5.《老鹰来了》游戏。

游戏规则：音乐一响，小朋友模仿小鸭子动起来；音乐停下，小朋友就像木头

人一样不能动，动了就要被老鹰抓走。被抓走的小朋友就不能继续参与游戏。

1. 条件允许时，教师可以在组织音乐活动之前让幼儿观察小鸭子，积累一些关于鸭子行进的直观经验。

2. 如果幼儿熟悉音乐的速度比较慢，在分段学习时，教师可以尽量依照大部分幼儿做动作的速度唱歌。此外，教师还可以使用一些语言、动作提示。在转换动作时，教师要用体态提示幼儿。

3. 在语言区可以提供美国经典绘本《鸭子当总统》，让幼儿阅读讨论。在音乐区提供鸭子头饰或胸饰，并提供音乐，让幼儿表演。此外，还可以鼓励幼儿收集羽毛，放在美术区，学习制作各种形态的鸭子。

鸭子上桥

1=E 2/4

凌启渝 词
汪 玲 曲

[1]
3 3 2 3 3 | 3 1 2 | 1 1 2 3 3 | 3 1 2 |
一只　鸭子上了桥，两只　鸭子上了桥。
八只　鸭子下了桥，七只　鸭子下了桥。

[5]
3 3 5 6 5 | (3235 6 5) | 3 3 5 6 5 | (3235 6 5) |
三只　鸭子，　　　　四只　鸭子，
六只　鸭子，　　　　五只　鸭子，

[9]
6 1 2 1 | 6 1 2 1 | 3335 3 2 | 1 | 3 — |
五只 六只 七只 八只，八只鸭子上　了　桥，
四只 三只 两只 一只，八只鸭子下　了　桥，

[13]
2 2 1 2 3 | 5.6 5 | 6135 3 3 2 | 1 — ‖
小小 木桥 摇啊摇，小小木桥摇啊　摇。
小小 木桥 不再摇，小小木桥不再　摇。

动作建议

分组游戏，前奏响起时，创编鸭子造型，定住不动。

[1]～[2]小节：第一个孩子随音乐边摆动边走到"桥"上，在歌词"桥"处，定住造型。

[3]～[4]小节：第二个孩子随音乐边摆动边走到"桥"上，在歌词"桥"处，定住造型，并紧跟第一个孩子。

[5]～[6]小节：第三个孩子随音乐跳到"桥"上，定住造型。

[7]～[8]小节：依序第四个孩子，动作同[5]～[6]小节。

[9]～[12]小节：依序第五、第六、第七、第八个孩子，一同自由摆动。

[13]～[16]小节：双手抱臂，随音乐左右摆动。

第四篇

"泥叫吹"

中班课程

（下期）

中班健康领域

小小运输队（户外运动）

活动目标

1. 练习交叉步前进，发展平衡能力。
2. 在游戏中感知身体，随着双脚的交替移动，及时调整重心。
3. 在活动中体验游戏的乐趣。

活动准备

1. 跳绳若干、大积木若干、爬爬垫和盒子若干、"泥叫吹"水果、"泥叫吹"乌龟壳。
2. 欢快、轻松的音乐。

户外运动场地布置

活动过程

1. 幼儿听音乐做身体活动准备操。
2. 幼儿跟随教师做各种走的练习。

花样走：复习《滑稽的脚先生》——先用脚尖踮着走，再用脚跟翘着走，还用脚边走，走得歪歪扭扭，两脚并拢还能跳跳跳。

3. 练习交叉步前进。

师：小朋友们，我们今天继续学习"脚先生"走路，两脚交叉向前走，谁来试一试？

请个别幼儿示范，随后所有幼儿沿着绳子练习交叉走。

教师站在一条直线上示范交叉走，并且以儿歌的形式讲解动作要领：右脚向前踏左方，左脚向前踏右方，两臂张开慢慢走。

4. 游戏"小小运输队"。

教师向幼儿介绍游戏玩法和规则：幼儿分成人数相等的六队，站在线的后面，每人手中拿一个水果，听老师口令，沿着直线向前走。（交叉步走过线和桥，绕过火线，跳过石板，走过线到达对面）以最快速度到达目的地的幼儿为胜。

5. 放松活动。

师幼听轻松的音乐做简单的放松动作，并共同收拾场地中的材料。

1. 游戏中加入音乐，能促进幼儿游戏的积极性。

2. 可以在游戏中增加难度［绳子连接在一起（从长到短），再次交叉步连续走］。

3. 在游戏中应及时对幼儿进行奖励与惩罚，可适当地进行挫折教育，采取暂时停止游戏的措施。

小小足球运动员（集体活动）

1. 练习用脚踢球，发展腿部肌肉力量和动作的灵活性。

2. 在自由探索练习和情境游戏中，逐步感受不同距离目标的踢准和踢时力量的关系。

3.体验踢球活动的乐趣及完成任务的成功感。

1."泥叫吹"足球，人手一个。

2.球门6个，塑料瓶若干。

3.欢快、轻松的音乐。

"泥叫吹"足球和塑料瓶

1.幼儿听音乐做身体活动准备操，出示足球。

2.幼儿练习用脚踢球。

师：请小朋友排好队，一人拿一个小足球，找一块空地，用脚将球踢着向前跑，注意只能用脚踢。当老师吹哨子时，请拿着球回到你的位置。

幼儿开始练习，教师吹哨，幼儿回原位。

请××小朋友来示范一下他是如何踢球的。

总结：我们在踢球的时候，眼睛要看着球，对准方向向前踢，然后快跑追上球，再继续向前踢。

3.幼儿练习踢球击中塑料瓶。

教师讲解玩法。

师：老师为小朋友准备了塑料瓶。每个小朋友选择一个塑料瓶，然后找一块空地，将塑料瓶放在地上，用脚踢球，把塑料瓶击中。继续放好击中的目标再踢，看哪个小朋友击中塑料瓶的次数多，记住不要用手拿足球。请一位小朋友来试一下如何将塑料瓶击中。

总结：首先要看准塑料瓶，球离塑料瓶远就要用力一些踢，球离塑料瓶近就要轻一些踢。

幼儿开始练习，教师吹哨，幼儿回到原位。

4. 幼儿进行游戏——"看谁射得准"。

将小朋友分成六组，每一组的前面都有一个球门。六组比赛，第一个小朋友边踢边跑，把球踢入球门。当第一个小朋友射中球门后，第二个小朋友开始出发，看哪一组的小朋友最先完成。

5. 放松活动。

一起听轻音乐，拉伸放松，调整呼吸。

1. 在活动的第三个环节，教师如果从安全角度考虑，可以改变活动的形式，将幼儿分成两组，每组幼儿再分成投手和掷手两队，投手拿球，掷手拿棒。投手将球投向掷手，掷手用棒把投过来的球打出去，然后投手和掷手交换。谁击中的球数最多，谁就获胜。教师可根据本班幼儿的实际情况开展活动。

2. 在活动室的墙上布置有关棒球运动的图片，让幼儿初步感知打棒球的动作和方法。

3. 建议家长在家中与幼儿玩类似的游戏，如果有条件，可让幼儿看一看棒球比赛，或者让幼儿玩一玩棒球。

春雨的色彩（集体活动）

活动目标

1. 借助"泥叫吹"教具初步理解散文的主要内容。
2. 借助"泥叫吹"教具学说文中小鸟的对话。
3. 感受散文的意境美。

活动准备

1. 幼儿对春天的景色和花草树木有初步的认识。
2. "泥叫吹"作品若干、PPT。
3. 音乐《春野》，散文录音。

"泥叫吹"教具

活动过程

1. 复习儿歌《春天》导入，认识春雨。

师：你们都看到了什么？知道的小朋友请举手回答。（细线、牛毛、花针）

2. 教师提问。

师：春雨是什么颜色的？

幼儿自由讨论并发言。

3. 欣赏理解散文的主要内容。

播放音频，欣赏诗歌。

4. 播放音频，理解诗歌内容。

师幼共同讨论：小鸟们在争论什么？是哪几只小鸟在讨论？根据回答出示"泥叫吹"小鸟。

师：小白鸽是怎么说的？它觉得春雨是什么颜色的？为什么？

幼儿观看PPT：通过对比理解春雨为什么是无色的。

教师解释"无色"的含义：清水是透明的，没有颜色，就是无色，牛奶是白色的。

5. 教师依次提问，帮助幼儿对诗歌内容加深记忆。

师：小燕子是怎么说的？它觉得春雨是什么颜色的？为什么？（出示：绿色、柳树、小草）

师：小麻雀是怎么说的？它觉得春雨是什么颜色的？为什么？（出示：红色、桃花、杏花）

师：小黄莺是怎么说的？它觉得春雨是什么颜色的？为什么？（出示：黄色、油菜花、蒲公英）

6. 借助"泥叫吹"教具学说文中小鸟对话。

引导幼儿看图，用作品中的词句说话。

教师指图提问，带幼儿梳理故事内容。

师：小燕子说春雨是绿色的，小麻雀说春雨是红色的，小黄莺说春雨是黄色的，它们在那儿争论不休，春雨到底是什么色彩呢？（色彩就是颜色的意思）我们来听听春雨自己是怎么说的。

7.理解词语，万紫千红。

师：万紫千红是什么意思？（形容百花齐放，色彩艳丽）

师：为什么说春雨能给大地带来万紫千红？（春雨本身是无色的，但当它落在大地上时，有了春雨的滋润，花草树木喝饱了水，都发芽、开花了，五颜六色，非常鲜艳，非常美丽，也就给大地带来了万紫千红）

8.引导幼儿体会散文优美的意境。

师：听完了这篇散文，小朋友们心里是什么感觉？（请幼儿自由表达）

9.拓展延伸，拓展幼儿的思维和表达愿望。

1.活动开始时，教师可以播放事先录好的有春雨声音的音乐，使教学更具有趣味性。

2.将幼儿操作材料和音频投放到语言区，让幼儿继续欣赏和朗诵。

3.师幼共同创设春天的主题墙饰，展示幼儿的绘画作品——春雨的色彩。

春雨的色彩（散文）

春雨，像春姑娘纺出的线，轻轻地落在地上，沙沙沙，沙沙沙……

田野里，一群小鸟正在争论一个有趣的问题：春雨到底是什么颜色的？

小燕子说："春雨是绿色的。你们瞧，春雨落到草地上，草就绿了。春雨淋在柳树上，柳枝也绿了。"

小麻雀说："不对，春雨是红色的。你们瞧，春雨洒在桃树上，桃花红了。春雨滴在杜鹃丛中，杜鹃花也红了。"

小黄莺说："不对，不对，春雨是黄色的。你们看，春雨落在油菜地里，油菜花黄了。春雨落在蒲公英上，蒲公英花也黄了。"

春雨听了大家的争论，下得更欢了，沙沙沙，沙沙沙……

咕咚来了（集体活动）

 活动目标

1. 欣赏故事，理解故事内容，感受故事的趣味性。

2. 通过"泥叫吹"教具演示和提问，帮助幼儿理解"遇到事情时要冷静，问清楚再行动"。

3. 能够认真倾听，大胆发言。

活动准备

1. 幼儿已有木瓜是长在树上的经验。

2. "泥叫吹"教具。

3. 故事录音。

"泥叫吹"教具

活动过程

1. 谈话导入，引出故事。

师："咕咚"是什么？

2. 教师借助"泥叫吹"教具演示，讲述故事，通过提问帮助幼儿理解故事内容。

3. 教师边演示教具，边讲述故事内容至"它们转身就跑"。

4. 教师继续边演示教具，边讲述故事内容至"一路上跟着跑的……还有小鹿，老虎……"

师：小兔子们逃跑时最先遇到了谁？（狐狸和小鸟）

狐狸听到"咕咚来了"心里感到怎么样？它是怎么做的？小熊和小猴怎么做的呢？

狐狸是怎样告诉大象的？狐狸见过"咕咚"了吗？它告诉大象"咕咚是……"这样说对吗？

小结：狐狸、小熊、大象这些小动物听小兔说"咕咚来了"就吓得惊慌失措，也不问问原因就一路逃跑，这样做是错误的。狐狸压根就没见过"咕咚"，却说它是……的怪物，这样做就更不对了！如果你们遇到这样的事情，会怎么办呢？

5. 继续讲述故事至结尾。

师：接下来会发生什么呢？我们接着听听吧。

师：是谁拦住了小动物们？（青蛙）

师：青蛙是怎样帮助它们解决问题的？咕咚到底是什么呢？

6. 完整欣赏配乐故事，感受故事的趣味性。

师："咕咚"听起来到底是什么样的声音呢？我们一起听听吧。

小结：一个木瓜掉落水中发出的声音就让小动物们惊慌失措，盲目跟着跑，多可笑呀！生活中，我们也可能会遇到很多疑问，只要我们多想一想、问一问、看一看，就一定会想出办法解决的。

7. 经验迁移。

比如，当看到有小朋友流鼻血时，不能惊慌，要及时如实地告诉老师，不能人云亦云，没有亲眼看到的事情不能胡乱说。

活动建议

1. 在日常活动中可以让幼儿观看经典国产动画片《咕咚来了》，感受中国民间故事的魅力。

2. 在父母的陪伴下倾听不同物体落入水中发出的声音。

咕咚来了（故事）

早晨，湖边寂静无声。湖旁边的木瓜树林里有三只小兔在快活地扑蝴蝶。忽然湖中传来"咕咚"一声，这奇怪的声音把小兔们吓了一大跳。刚想去看个究竟，又听到"咕咚"一声，这可把小兔们吓坏了，"快跑，咕咚来了，快逃呀！"它们转身就跑。

一只狐狸正在同小鸟跳舞，与跑来的兔子碰了个满怀。狐狸一听"咕咚来了"也紧张起来，跟着就跑。它们又惊醒了睡觉的小熊和树上的小猴。小熊和小猴也不问青红皂白，跟着它们跑起来。途中遇到大象，大象很惊讶，拉住狐狸问："出了什么事？"狐狸气喘吁吁地说："咕……咕咚来了，那是个三个脑袋、八条腿的怪物。"于是，一路上跟着跑的动物越来越多，还有小鹿、老虎……

岸上这阵骚乱，使湖中的青蛙感到十分惊奇，它拦住这群吓蒙了的伙伴，问："出了什么事？"大家七嘴八舌地形容"咕咚"是个多么可怕的怪物。最后，青蛙问："谁见到了咕咚？"小熊推小猴，小猴推狐狸，狐狸推小兔，结果谁也没有亲眼看见。于是大家决定回去看明白再说。

回到湖边，所有动物又听见"咕咚"一声，仔细一看，原来是木瓜成熟了，从树上掉进水里发出的声音，动物们不禁难为情地笑了起来。

傻小熊进城（集体活动）

1. 欣赏故事，理解故事内容。

2. 能够初步了解城市中各种不同用途的房子。

3. 萌发热爱家乡的情感，初步培养符号意识。

1. 幼儿已有关于城市各种房子的标志和特点的感性认识。

2. 黑色照相馆房子、绿色邮局房子、蓝色游泳馆房子、红色消防队房子、白色医院房子的图片。

3. "泥叫吹"小熊手偶一个，自制桌面教具。

4. 故事配音。

"泥叫吹"教具

活动过程

1. 教师创设情境，启发幼儿回忆关于房子的知识经验。

教师出示小熊手偶导入，问题前置。

师：有一只小熊，它从来没进过城，如果它到了城里会发生什么事呢？

2. 教师分段讲述故事，引导幼儿初步理解故事。

教师播放故事录音，幼儿欣赏故事。

师：妈妈告诉小熊城市里有哪些房子？小熊先跑到什么房子里去了？小熊为什么要跑出来？

师：小熊没带钱，赶紧跑出照相馆。它又跑到什么房子里去了呢？它请求大象伯伯把它寄到奶奶家，为什么又要从邮寄它的木箱里出来呢？出来后到哪里了？

师：小熊嫌木箱太闷，就逃出来，然后掉到了游泳池里。小熊在游泳池里怎样了呢？然后它走进了什么房子？是谁把它送到了白房子医院里的？

师：最后是谁帮助它想了什么办法才找到奶奶的？（教师根据幼儿的回答，在桌面教具上粘贴相应的房子图片）

师：城市中有各种各样的房子，它们都有自己的用途。你知道邮局是用来干什么的吗？照相馆房子为什么是黑色的呢？

3. 教师帮助幼儿初步了解城市中不同用途的房子。

借助视频，让幼儿进一步了解邮局和照相馆。

尝试认识不同房子的不同标记。教师帮助幼儿再次指认贴好的房子图片，并请幼儿说一说每一个房子的特征，如照相馆、邮局、游泳馆、消防队及医院。

4. 迁移经验，联系生活。

引导幼儿认真观察，联系生活，大胆想象，了解不同用途的房子的标志。

师：你还见过什么样的房子？这些房子有什么特殊的作用？可以用什么符号来表示？

5. 活动延伸。

社会领域《认识标志》。

1. 本次课时可渗透社会领域《认识标志》、科学领域《分类活动》、艺术领域《我是小小设计师》。

2. 重点为欣赏故事，理解故事内容；难点为初步了解城市中不同用途的房子。

3. 对故事要进行筛选，故事内容要详略得当。

傻小熊进城（故事）

傻小熊住在森林里，它头一回上城里的奶奶家去。熊妈妈告诉它："城里有好多好多房子。"

傻小熊问妈妈："有哪些房子呀？"

熊妈妈掰着手指说："有红房子、白房子、绿房子、蓝房子、黑房子，还有花房子。红房子是消防队，白房子是医院，绿房子是邮局，蓝房子是游泳馆，黑房子是照相馆，你奶奶开花店，住的是花房子。"傻小熊怕忘了，一路走，一路心里念着："红房子是消防队，白房子是医院……"不小心跌了一跤。跌跤不要紧，傻小熊不怕痛。可是，哎呀，红房子是什么，白房子是什么，还有绿房子、蓝房子、黑房子是什么，它都记不住了，连奶奶家住什么房子也忘了。

傻小熊进了城，一看，哟，城里的房子五颜六色，真多！可是奶奶住在哪里呀！它只好乱闯，推开了黑房子的门。

黑房子里的梅花鹿笑眯眯地请傻小熊坐下。傻小熊心想：它准是奶奶雇的伙计，瞧它穿了一身花衣服。它刚刚坐下，只听见"咔嚓"一声响，傻小熊吓了一跳。

"好了！照片拍好了，付钱吧。"

哎呀，傻小熊跑到照相馆来了，梅花鹿给它拍了照。拍照得付钱呀，可是傻小熊口袋里一个钱也没有，急得连声说："我不要拍照，我不要拍照……"它连忙跑出照相馆。

傻小熊又闯到绿房子里去了。穿绿衣服的大象问它："你要寄信吗？"

哦，这是邮局。傻小熊心想：我找不到奶奶家，让邮局把我寄到奶奶家去有多好。它告诉大象说，奶奶开花店，请大象把它寄去。

"好啊！"大象用鼻子一卷，把傻小熊卷起来，装到一只木箱里，钉上盖子，在盖子上写着："本市花店，傻小熊奶奶收。"木箱里闷极了，傻小熊急得又踢又蹬，好不容易把木箱蹬出个窟窿才逃出来。

后来，傻小熊闯进了蓝房子里，里面是个游泳池，正在举行海狮游泳大赛，可热闹了！傻小熊乐得乱蹦乱跳，扑通，掉到游泳池里去了。它急得大喊："救命啊——"还好一只海狮飞快地游过来，用鼻子一顶，把它顶了上来。

傻小熊在水里着了凉，发了高烧，可是它还没找到奶奶家啊。它走进红房子里一瞧，这儿是消防队呀。消防队的长颈鹿忙问它："快说，快说，哪儿烧起来了？"

傻小熊指指自己的脑袋说："这儿，这儿烧起来了。"长颈鹿二话没说，打开水枪，朝着傻小熊的脑袋猛冲。

傻小熊当然受不了，倒在地上直哼哼。长颈鹿这才懂了，忙给医院打电话。

不一会儿，救护车来了，把傻小熊送进白房子医院。河马医生问清楚情况后，马上打电话给花房子里的小熊奶奶。小熊奶奶捧着一束鲜花赶来了，对傻小熊说："哎呀，我的小宝贝，你怎么上这儿来了？"

傻小熊抓抓后脑勺说："城里的房子真多，五颜六色，叫我上哪里找您呢。"

唉，这傻小熊！

变化的队形（集体活动）

活动目标

1. 能用一一对应的方式证明两组物体的多与少。

2. 初步感知不受物体形状、大小及排列形式的干扰，正确感知10以内的量。

3. 能倾听同伴的发言，乐意向同伴、老师表达自己的想法。

活动准备

1. 教具准备：PPT；"泥叫吹"大象6个、熊猫7个、小兔8个；幼儿人手一份彩色糖果教具，粉色6个，绿色8个，蓝色9个。

2. 经验准备：正确认识10以内的基数，会口手一致地点数。

（a）"泥叫吹"熊猫 　　　　（b）"泥叫吹"大象 　　　　（c）"泥叫吹"小兔

"变化的队形"教具

活动过程

1. 谈话导入，激发幼儿兴趣。

师：森林最近要举办一场运动会，小动物们忙着排列自己的队形，你们看它们的队形多漂亮。

2. 引导幼儿观察、思考，感知队形、数量的变化。

师：哪个队形的动物数量最多，哪个队形的动物数量最少？（在给予幼儿一定时间思考之后，请幼儿发言）

师：你怎么知道是小兔多呢？

在明确幼儿的真实想法后，引导幼儿排除队伍排列方式的影响，用点数的方法正确判断动物数量的多少。

师：哪个队的小动物数量最少？小动物们又变换了队形，这次又是谁最多、谁最少？

总结：比较数量的多少要进行点数，不能看物体的大小，也不能看队伍的长短，在数量不变的情况下，不管队形如何变，其数量既不会增多，也不会减少。

3. 幼儿操作。

师：小朋友们想把糖果送给这些辛苦的小动物，可是这些糖果现在都在一个盒子里，我不知道该分给谁？

规则：把糖果送给和它数量一样多的小动物，不然小动物会不高兴的。在操作单上摆一摆。摆好以后，在数量最多的糖果后面做个标记。

4. 教师点评：把正确和错误的分开，分类点评。

1. 本节课对幼儿来说有一定的难度，在刚开始让幼儿说出哪种动物多时，应该让幼儿迅速报出，并且有针对性地指导。在幼儿能说出正确答案时，教师要追问为什么，让他们说出理由，以使他们明确如何准确判断物体的数量。

2. 把幼儿的操作学具投放到区角，让他们试着摆出各种不同的造型，引导他们感知队形的变化不会影响物体的数量。然后找出比较数量的多少，不能看物体的大小、队伍的长短，而是数一数、比一比，才能获得正确的答案。

教学材料见下图。

"变化的队形" 教学材料

动物运动会（集体活动）

活动目标

1. 认识数字10，感知数字与物体数量的关系，理解数字所表示的实际意义。

2. 能用数字准确地记录自己操作的结果。

3. 操作完成后学会自己检查操作的结果。

活动准备

1. 教具：1只 "泥叫吹" 长颈鹿，6只 "泥叫吹" 小猪，7只 "泥叫吹" 小熊猫，8只 "泥叫吹" 小白熊，9只 "泥叫吹" 小猫，10只 "泥叫吹" 小兔；数字卡片6、7、8、9、10，展示台。

2. 学具：人手一份数字卡纸、人手一袋 "泥叫吹" 糖果，分类盒。

"泥叫吹" 小动物

活动过程

1.感知10以内的数量。

师：今天来了一个裁判员小动物——长颈鹿。长颈鹿说今天要在森林里举行运动会，小动物们快来参加呀！许多小动物都赶来参加。请小朋友看看都有哪些小动物。

出示"泥叫吹"动物。

师：这些小动物一样多吗？每种各有多少？

幼儿观察、点数每种动物的总数，最后集体验证。

教师引导幼儿将动物按照数量从少到多的顺序调整摆放的位置，最后进行集体验证检查。

教师出示小兔，引导幼儿数一数并用完整的话说一说。

2.认识数字10。

师：在这些动物里，哪种动物最多？有几只？可以用哪个数字来表示小兔有10只呢？

幼儿回答后教师出示数字10，引导幼儿观察。

师：数字10和我们以前学过的数字7、8、9有什么不同？是由哪两个数字组成的？几在前、几在后？10除了可以表示10只猴子，还能表示哪些东西？

幼儿相互表达自己的想法，并用完整的话说一说，数字10可以表示10个××。

总结：所有数量是10的物品都可以用数字10来表示。

3.请个别幼儿为其他动物匹配相应的数字。

幼儿为动物匹配数字之后，教师引导幼儿用完整的话说一说：×只××动物可以用数字×来表示。

4.幼儿操作。

师：老师这里有一些"泥叫吹"糖果，但是不小心被老师弄混了，想请小朋友们将这些糖果按颜色来分类，并用数字记录下来。先将"泥叫吹"糖果分类，数一数每种"泥叫吹"糖果有几颗，然后用数字贴纸记录下来。老师给每位小朋友都准备了一袋"泥叫吹"糖果、一张数字贴纸和一个分类盒。

1. 教师可以根据幼儿的发展水平摆放"泥叫吹"教具，提高或降低点数的难度。例如，教师将动物相对集中摆放，这样，幼儿的点数就比较简单；相反，教师将动物卡片打乱摆放，或是用遮盖法，这样不仅增加了难度，还增添了幼儿寻找的乐趣。

2. 认识数字10，理解其实际意义是本次活动的重点，因此教师可以引导幼儿尽可能多地说出10可以表示的物品，最终让幼儿发现10可以表示所有数量是10的物品。

教学材料见下图。

"动物运动会"教学材料

如果我是一片云（集体活动）

活动目标

1. 感受并熟悉歌曲旋律，借助"泥叫吹"作品初步学唱歌曲。
2. 循序渐进地仿编儿歌。
3. 体验活动的乐趣。

活动准备

"泥叫吹"作品、图片、钢琴。

"泥叫吹"教具

1. 教师借助"泥叫吹"范唱歌曲，让幼儿感知歌曲的旋律和内容。

师：如果我是一片云，我会飘到哪里去呢？我会看见谁和谁呢？（幼儿回答）让我们一起听听歌曲中是怎么唱的？和你们的回答一样吗？

2. 听完后，请幼儿回答。

3. 出示图谱。请幼儿再次倾听音乐，找出答案。（出示小鱼、小虾）

师：那么它和小鱼还有小虾做了什么事？

4. 教师继续范唱歌曲，通过提问并借助"泥叫吹"作品的顺序加深幼儿对歌词的记忆。

请幼儿按歌词顺序把图谱补充完整。

5. 请幼儿检查图谱顺序是否正确。

6. 教师讲解"重复"的意思。

师：第二句有重复的地方吗？在哪里？第三句、第四句重复的地方又在哪里呢？

7. 请幼儿带上动作完整地表演歌曲。

8. 通过云朵飘向三个不同的地方，借助图片和"泥叫吹"作品仿编歌曲。

教师出示不同的图片，请幼儿回答并表演歌曲。

9. 师幼完整演唱歌曲。

10. 幼儿完整演唱仿编歌曲。

1. 将"泥叫吹"作品投放到音乐区角，让幼儿自由表演。

2. 幼儿可以自己尝试为这首歌曲绘画不同的"歌词图"，不同的场景匹配不同的动物、交通工具、教室里的物品等。

3. 将幼儿操作材料放到小舞台，幼儿可以自主选择相应图片进行歌唱或表演。

教学材料

如果我是一片云

1=D 2/4

曲选自《粉刷匠》
词选自诗歌《如果我是一片云》

5 3　5 3｜5 3 1 0｜2 4　3 2｜5　　0｜
如 果　我 是　一 片 云，　我 是　一 片 云。

5 3　5 3｜5 3 1 0｜2.4　3 2｜1 0 0 0｜
我 想　飘 到　小 河 里，　飘 到　小 河 里。

2 2　4 4｜3 1 5 0｜2 4　3 2｜5 0 0 0｜
看 见　小 鱼　和 小 虾，　小 鱼　和 小 虾。

5 3　5 3｜5 3 1 0｜2.4　3 2｜1 0 0 0｜
我 们　一 起　做 游 戏，　一 起　做 游 戏。

游戏玩法

　　幼儿在椅子围成的圆圈内绕圈行进，边走边做动作边唱歌，唱到歌曲的最后一个字时玩"抢椅子"的游戏。没有抢到椅子的幼儿，玩益智闯关游戏。

大馒头（集体活动）

活动目标

1.学习用对唱的方法演唱歌曲《大馒头》。

2.根据教师的提问和"泥叫吹"教具的顺序记忆歌词内容与顺序。

3.感受在集体中演唱的快乐。

活动准备

1.馒头、插有小麦和碗装面粉的"泥叫吹"教具各2个、农民伯伯、男孩女孩的"泥叫吹"教具各1个，"泥叫吹"教具问号3个。

2.CD、播放器。

3.科学领域渗透小麦生长及做成馒头的过程。

"泥叫吹"教具

活动过程

1.教师讲述故事，幼儿初步熟悉歌词。

教师出示馒头并提问：馒头是什么做成的？

2.教师讲述西西爱吃馒头的故事，并让幼儿初步欣赏歌曲。

师：我们一起来听一听他问了妈妈哪些问题，妈妈又是怎么回答他的。仔细听歌曲《大馒头》。

3.教师多次范唱，引导幼儿熟悉歌曲旋律。

教师范唱第一遍，提问：西西问了什么问题？妈妈又是怎么回答的？（教师根

据幼儿的回答在展台上摆出相应的"泥叫吹"教具）

教师范唱第二、三遍，引导幼儿回答歌词中有关生产馒头的各个问题，并根据幼儿的回答摆放相应的"泥叫吹"教具。

教师范唱第四、五遍，提问：西西先问了什么问题？

4.幼儿学唱歌曲《大馒头》。

幼儿跟随"泥叫吹"教具念歌词，尝试记忆歌词。

幼儿玩猜答案的游戏，进一步记忆歌词。教师将答案句的歌词用"泥叫吹"教具逐步遮住，然后随音乐的节奏和歌词的顺序提问，幼儿按照歌词回答。

幼儿尝试随钢琴伴奏唱歌。

5.师幼练习对唱。

6.反思，引导幼儿描述自身对歌曲的掌握。

教师引导幼儿反思自己是否学会了这首歌曲，让幼儿知道摆放的"泥叫吹"教具可以帮助自己记忆歌词。

幼儿努力尝试用此方法验证自己学唱歌曲的情况。

7.师幼对唱，玩"快速反应"游戏。

师幼以小组形式玩即兴对唱游戏。

教师唱问句，指向哪一组幼儿，那组幼儿就立刻唱出答句。

8.结束部分。

我们的粮食来之不易，农民伯伯劳动种出粮食很辛苦，我们要不挑食、不浪费，珍惜每一粒粮食。回家可以和爸爸妈妈讨论"白米饭是从哪里来的"。

活动建议

1.在幼儿熟悉歌曲的基础上，可以请两名幼儿对唱，一名幼儿唱问句，一名幼儿唱答句；还可以交换问与答再进行对唱。

2.可以渗透到健康领域，让幼儿了解食物的多样性和丰富性，鼓励幼儿品尝多种食物，养成爱惜粮食、不挑食的好习惯。

 教学材料

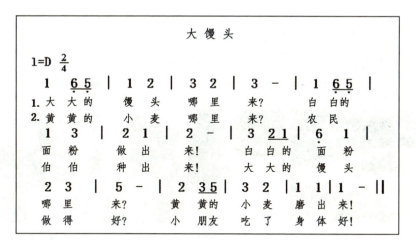

大 馒 头

1=D 2/4

1 6 5 | 1 2 | 3 2 | 3 - | 1 6 5 |
1. 大 大 的 馒 头 哪 里 来? 白 白 的
2. 黄 黄 的 小 麦 哪 里 来? 农 民

1 3 | 2 1 | 2 - | 3 21 | 6 1 |
面 粉 做 出 来! 白 白 的 面 粉
伯 伯 种 出 来! 大 大 的 馒 头

2 3 | 5 - | 2 35 | 3 2 | 1 | 1 - ‖
哪 里 来? 黄 黄 的 小 麦 磨 出 来!
做 得 好? 小 朋 友 吃 了 身 体 好!

可爱的小蜗牛（集体活动）

活动目标

1. 熟悉并尝试使用开口工具和材料。

2. 尝试用团、搓、推、捏等方法迅速制作"泥叫吹"小蜗牛，并尝试开口。

3. 喜欢"泥叫吹"活动，体验"泥叫吹"制作的乐趣。

活动准备

捶好的泥、蜗牛图片和"泥叫吹"蜗牛、抹布、开口工具。

活动过程

1. 猜谜语，引出小蜗牛。

2. 播放PPT，观察蜗牛的外形特征。

请幼儿模仿蜗牛的动作。

3. 让幼儿了解开口的步骤和所用工具，引导幼儿观察上面的两个孔（一扁一圆：入气孔、回音孔）。

师：怎么才能做出会唱歌的蜗牛？用什么工具？

4. 幼儿操作。

教师讲解操作材料和注意事项（迅速塑形，卫生习惯，操作常规）。

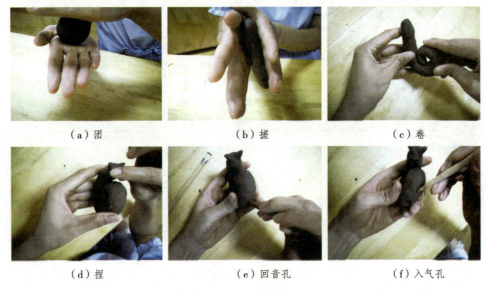

（a）团　　　　　　　（b）搓　　　　　　　（c）卷

（d）捏　　　　　　　（e）回音孔　　　　　　（f）入气孔

制作"泥叫吹"小蜗牛的过程

幼儿操作，教师巡视指导。

5. 教师点评。

1. 在课前收集活体蜗牛，让幼儿近距离真实地观察。

2. 开口工具的灵活使用需要多次锻炼，投放到区角后教师要进行详细的个别指导。

第五篇

"泥叫吹"

大班课程

（上期）

大班健康领域

取地图（集体活动）

活动目标

1. 练习起踵走，能掌握起踵走的动作要领。
2. 保持身体平衡，在规定的区域行走时能保持起踵。
3. 提高对身体与情绪情感的自我控制能力。

活动准备

1. 铁丝网、手雷、独木桥，场地四周藏有一些事先绘制的地图。
2. 录制有飞机、枪炮声和紧张气氛的背景音乐磁带，录音机。

"泥叫吹"手枪、手雷

活动过程

1. 热身运动，队列练习。
2. 幼儿练习起踵走，并进行游戏。

教师组织幼儿讨论怎样在不被敌人发现的情况下穿过封锁区取到地图，掌握动作要领。

改变目标方向，反复游戏数遍。

规则：起踵走向规定目标，提醒幼儿不仅脚下要轻，而且嘴巴不能发出声音，坚持把动作做准确。

幼儿分两组进行游戏，发动总攻，消灭"敌人"。

在音乐的伴奏下，幼儿走过独木桥、钻过铁丝网、越过雷区，进入"敌人阵地"，快速奔跑、呐喊、拍掌，欢呼胜利。

3. 放松、整理活动。

师幼一起跳秧歌舞，庆祝胜利。

1. 雷区可设置在双方交战区的中间，双方投掷手雷（沙包）至对方战区，个数多者为胜。

2. 可适当加大游戏难度。

夹包跳（集体活动）

1. 通过练习，逐步掌握夹包跳的动作要领。

2. 能用双脚夹住沙包，用力跳起，并向前甩出沙包，动作协调、灵敏。

3. 体验游戏的乐趣。

物质准备："泥叫吹"沙包人手1个，"泥叫吹"袋鼠1个，塑料圈6个。

塑料圈、"泥叫吹"袋鼠、"泥叫吹"沙包

1. 队列练习。

2. 进行"玩沙包"游戏。

师：今天来了一位小客人（请出"泥叫吹"袋鼠引入），它带来了好玩的沙包，请小朋友观察一下与我们平时玩的沙包有什么不一样。（请个别幼儿说一说）

师：你平时是怎样玩沙包的？每个幼儿拿一个"泥叫吹"沙包，幼儿自由玩沙包，鼓励幼儿尝试用身体各部位玩沙包。

请1～2名幼儿示范创新玩法。

3. 进行"夹包跳"游戏。

师：小朋友尝试了很多用手玩沙包的方法，谁能用脚玩沙包游戏？

幼儿自由探索用脚玩沙包的方法，教师及时肯定并引出"夹包跳"。

请个别幼儿示范，并讨论动作要领：双脚夹住沙包，用力跳起，将沙包抛向前方。

幼儿练习，教师指导，提醒幼儿在跳起时要抛出沙包。请个别幼儿做示范，并向大家介绍自己的经验。

教师提出新要求：双脚夹包站在线上，跳起将沙包甩出后，双脚仍站在线上。

幼儿再次练习，教师巡视指导，重点帮助幼儿掌握跳起、抛出沙包的动作要领。

幼儿进行"夹包跳"甩出比赛，看谁甩得远。甩得远的幼儿可以抱抱"泥叫吹"袋鼠。

4. 进行"投石进河"游戏。

用塑料圈当"河"，将其放在合适的位置，夹包跳起，将沙包抛进"河"

（圈）里。

　　幼儿游戏，教师可让能力强的幼儿加大距离，增加游戏难度。

　　5. 随音乐做放松运动。

　　1. 在活动中，对于有难度的幼儿可降低难度，留出足够的时间让幼儿练习，掌握夹包跳的技巧。

　　2. 在晨间锻炼和户外体育活动中，鼓励幼儿继续探索沙包的多种玩法。

大班语言领域

魔术喇叭（集体活动）

活动目标

1. 借助"泥叫吹"作品、图片等生动的教学形式，初步感知和理解故事，并尝试仿编故事。

2. 懂得"做事情不能只想自己，要为他人着想"的道理。

3. 通过出示"泥叫吹"作品，激发幼儿对"泥叫吹"手工活动的兴趣。

活动准备

1. "泥叫吹"作品：喇叭、松果、胡萝卜、桃子。

2. 图片：小猴子、小兔子、小松鼠。

"泥叫吹"喇叭、松果、胡萝卜、桃子

活动过程

1. 谈话导入，激发兴趣。

师：我们一起看看这是什么吧。（"泥叫吹"喇叭）

师："泥叫吹"喇叭给我们带来了它的好朋友，我们一起看看吧！（"泥叫吹"松果、桃子、胡萝卜）

师：老师把这些"泥叫吹"藏在一个故事里，我们一起听听！

2. 教师讲述故事前半段，幼儿初步感知故事。

教师讲述至"喇叭里什么都没有变出来"。

师：老爷爷拿出了魔术喇叭，对小动物们说了什么呢？这个神奇的魔术喇叭不仅会发出声音，还会变魔术呢。

师：结果它们得到了自己想要的东西吗？

师：小朋友们猜一猜为什么魔术喇叭里没有变出它们想要的东西？（幼儿大胆地说出自己的想法）

师：究竟是为什么魔术喇叭里变不出它们想要的东西呢？

3. 教师讲述故事后半段，幼儿理解故事情节。

师：老爷爷这次又说了什么？（这个魔术喇叭只能给别人要礼物，可不能给自己要礼物）

师：这次小猴子是怎么说的？（魔术喇叭，请给小兔子一个又大又脆的萝卜）

师：小兔子是怎么说的？小松鼠呢？

4. 教师完整地播放故事录音，幼儿感知魔术喇叭的神奇之处。

师：好听的故事小朋友们已经听完了，小朋友们从这个故事中明白了什么？（我们做事情不能只想自己，要为他人着想）

5. 教师引导幼儿自由想象、讨论，尝试仿编故事。

师：如果你有一个这样的魔术喇叭，你会向它要什么？送给谁呢？

6. 表演故事。

师：一起跟老师表演这个有趣的故事吧！

活动建议

1. 将头饰与道具投放在童话剧场，供幼儿继续进行故事表演。

2. 在"泥叫吹"小天地，引导幼儿制作"泥叫吹"喇叭、桃子、胡萝卜和松果。

 **教学材料**

魔术喇叭（故事）

有一个动物园，小动物们都住在这里。

六一儿童节这一天，动物园里来了一位变魔术的老爷爷。老爷爷拿出一只魔术喇叭，说："你想要什么，只要对喇叭说，它就会变出来。"

小猴子说："我想要一只桃子。"小松鼠说："我想要一颗松果。"小兔子说："我想要一个胡萝卜。"可是，喇叭里什么也没有变出来。

老爷爷说："哈哈，这个魔术喇叭只能给别人要礼物，可不能给自己要礼物。"

小猴子明白了，它对着喇叭说："给小兔子要一个大萝卜。"喇叭里马上变出来一个胡萝卜。小兔子很高兴地说："谢谢小猴子。"

小兔子对着喇叭说："给小松鼠一颗松果。"喇叭里马上变出了一颗松果。

小松鼠对着喇叭说："给小猴子一个大桃子。"喇叭里马上变出了一个大桃子。

动物园里有了这只魔术喇叭，小动物们更开心了。

小熊种玉米（集体活动）

 活动目标

1. 幼儿观察图片，了解农作物生长过程，能用形容词表达劳累和喜悦。
2. 能正确排列图片，用连贯的语言讲述画面内容。
3. 培养幼儿大胆发言，说完整话的好习惯。

活动准备

1. "泥叫吹"小熊、"泥叫吹"玉米。
2. 图片。

"泥叫吹" 小熊、玉米

 活动过程

1. 出示礼物盒导入。

师：老师收到了礼物与你们分享。

出示礼物让幼儿猜猜，再用手摸摸是什么。

师：（拿出礼物让幼儿看）和你们猜的、摸的一不一样？老师这个玉米是不可以吃的，是给小朋友玩的，它是一块泥塑造的。

提问：谁知道玉米种植的过程？（幼儿回答，教师出示图片）

2. 出示小熊。

有一只小熊爱吃玉米，也爱种玉米。

3. 让幼儿给小熊种玉米的过程排序。

找个别幼儿给小熊种玉米的过程排一排序。

幼儿讲述小熊种玉米的过程。

4. 幼儿完整地听故事，教师提问。

师：小熊种玉米在哪个季节？在什么季节收获？有的玉米在春天播种，有的玉米在秋天播种，这个故事里，小熊是在春天播种的。

5. 小结。

师：小朋友要像小熊一样，有好吃的东西与小伙伴一起分享。

教学材料

小熊种玉米（排图讲述）

春天到了，小熊在地里种了许多玉米种子。

每天早上，小熊都到玉米地施肥、锄草和浇水，累得满头大汗。

秋天到了，小熊种植的玉米成熟啦！小熊来到玉米地收获了许多玉米棒，小熊可开心啦！

小熊邀请了许多好朋友到家里来做客，请大家吃玉米棒，大家都夸小熊种的玉米又香又甜，大家在一起可开心啦！

大班科学领域

分礼物（集体活动）

活动目标

1. 学习2、3、4的分解组成。

2. 知道2、3、4各数分成两份各有几种不同的答案。

3. 能够按规则进行操作活动，初步体验总数与两个部分数之间的等量关系。

活动准备

1. 教具：方爷爷、圆奶奶图片各1张，"泥叫吹"礼物4个，1~4数字卡4套，教学挂图。

2. 学具。

三组：幼儿操作材料《分南瓜礼物》（4的分成）的材料，人手1支铅笔。

两组：幼儿操作材料《分胡萝卜礼物》（3的分成）的材料，人手1支铅笔。

一组：幼儿操作材料《分茄子礼物》（2的分成）的材料，人手1支铅笔。

"泥叫吹"礼物（南瓜、辣椒、胡萝卜、小鸡）

活动过程

1. 游戏"碰球"。

教师出示数字5。

教师介绍游戏"碰球"的玩法：老师先报一个数，小朋友再报一个数，这两个数合在一起是5。

教师边拍手边说：我的1球碰几球？

小朋友边拍手边回答：你的1球碰4球。

教师有意识地按从1到4或从4到1的顺序报数，和幼儿玩"碰球"的游戏。

（此游戏可采用集体、小组和个别的形式反复进行）

2. 游戏"分礼物"。

教师出示"泥叫吹"礼物和方爷爷、圆奶奶图片。

师：方爷爷和圆奶奶他们要过生日了，老师要将4个"泥叫吹"礼物分送给方爷爷和圆奶奶，但每一次送给爷爷奶奶的礼物数目都要不一样，可以怎么分呢？

师：你想怎样分？可以和旁边的小朋友说一说你的分法。

幼儿和旁边的同伴相互交流各自的分法，如送给方爷爷1个，圆奶奶3个；送给方爷爷2个，圆奶奶2个；送给方爷爷3个，圆奶奶1个。

请个别幼儿演示每次将4个"泥叫吹"礼物送给方爷爷、圆奶奶的具体分法。

师：每次将4个"泥叫吹"礼物送给方爷爷和圆奶奶，且每一次送给圆奶奶的礼物数目都不一样，可以怎么分呢？

教师引导幼儿根据该名幼儿分礼物的操作结果，集体检查和讨论：是否每次把4分成了两份？每次分成两份的数目是否不相同？分成的两份数目合起来是否依然是4？还有没有其他分法？

全体幼儿对照上述标准，逐条检查，如果有幼儿发现问题或错误，则请他说出和指出，并进行修正。

3. 幼儿分组操作活动。

第一、二、三组：分南瓜；第四、五组：分胡萝卜；第六组：分茄子。

教师强调：将每种蔬菜礼物分成两份，并将结果记录在操作单上，每排的答案都不能相同，分的和记的要一致。

4.集中交流，感受2、3、4各数分成两份各有几种不同的分法。

分别请几名分不同数量蔬菜礼物的幼儿展示并介绍自己的活动和记录的结果。

集体按规则检查记录结果是否按总数要求取分礼物，判断其分合是否正确，有无遗漏和重复的，并进行改正。

师幼讨论：为什么每种礼物分得的结果都不相同？

小结：2、3、4各数分成两份各有几种不同的分法并认读分合式。

师：谁能告诉我们2分成两份有几种不同的分法？（2分成两份有一种分法，可以分成1和1）

师：谁能告诉我们3分成两份有几种不同的分法？

请个别幼儿或集体回答：3分成两份有两种不同的分法，可以分成1和2、2和1。

师：谁能告诉我们4分成两份有几种不同的分法？

请个别幼儿或集体回答：4分成两份有三种不同的分法，可以分为1和3、2和2、3和1。

活动建议

活动过程中孩子们可能会吹响"泥叫吹"，可是用礼物发出声音就没有惊喜了，提醒幼儿在活动中保持安静。

教学材料

教学材料见下图。

"分礼物"教学材料

小动物住哪里（集体活动）

活动目标

1.理解行、列坐标的意义，能准确找到并说出"泥叫吹"小动物家的位置。

2.学习运用图画（横坐标）加数字（纵坐标）的方法书写地址。

3.积极参与本活动，感受数学活动的乐趣。

活动准备

1.教具：小动物新房1栋，"泥叫吹"小动物若干。《小动物住哪里》挂图1幅，幼儿记录、教师示范单1张，大信封1个，记号笔1支。

2.学具：《小动物住哪里》操作材料人手1份，铅笔人手1支。

（a）"泥叫吹"小动物

（b）小动物新房

"小动物住哪里"教具

活动过程

1.谈话导入活动，引起幼儿活动的兴趣。

师：小朋友，最近我一直在思考一个问题，我们班有许多"泥叫吹"作品，可如何展示出来才好看呢？昨天我想到一个办法，我给"泥叫吹"小动物盖了一栋新房。

2. 出示新房一栋，引导幼儿观察认识横坐标。

师：这就是"泥叫吹"小动物的新房，看看新房下面有什么？

师：新房下面有太阳、小花、星星、小树的标记，太阳标记上面这一列就叫作太阳小区。小花标记上面这列叫作什么小区呢？星星、小树标记上面分别叫什么小区？

分别请个别幼儿或全体幼儿根据教师的提问以及手指划过的图标作答（如太阳小区、小花小区、小树小区），认识纵坐标。

师：再看看新房的左边还有什么？（数字）这些数字自下而上按什么规律排列的？（从小到大）数字1后面的一行是新房的1号。数字2呢？数字3和4后面的一行分别是？（分别请多名幼儿回答）

3. 学说、学记小动物家的地址。

（1）学说小动物家的地址。

师：新房住进了好多小动物，都是谁搬了新家？

分别出示"泥叫吹"小动物，边出示边放进去（渗透"泥叫吹"的制作步骤）。用吹响的方式表示小动物很高兴，引起幼儿兴趣。

师："泥叫吹"小动物可高兴啦！它们想把搬新家的消息告诉好朋友，可说不清地址，你们愿意帮帮它们吗？

师：猪妈妈住在哪个小区？（太阳小区）为什么？（猪妈妈下面是太阳标记）是太阳小区几号？为什么？（个别幼儿回答并说出理由）

请个别幼儿分别说出其他几个小动物住在哪里？什么小区、几号？

全体幼儿根据教师的提问齐说"泥叫吹"小动物家的具体位置。

（2）学记小动物家的地址。

师：小狗来晚啦，它忙着写信去了，它要把住进新家的消息写信告诉好朋友。它的信封上要写什么？怎样写？

出示大信封一个，引导幼儿观察。

师：在小狗头像的下面先画小区标记太阳，再写数字标记3。（教师边讲边做出书写示范）

师：读一读地址是什么，我记的和说的一样吗？

4. 幼儿操作活动。

请帮助每个小动物在信上写出它家的地址。

5.交流评价。

展示一名幼儿记录小动物家地址的活动单，教师带领全体幼儿检查、评价。

师：看看这张记录单上写的地址（如数字加标记），他写得对吗？为什么？

请幼儿回答正确与否，如果错误予以纠正（如虽然小区和数字标记都写了，但是地址写反了，应该是先写小区标记，再写数字标记）。

活动建议

教师启发幼儿学习运用"图画（横坐标）加数字（纵坐标）"的顺序表述网格地址，有利于幼儿表达和把握表征方式（画的小图案）。参照坐标系中地址的表述方式，为幼儿将来学习表述地图的定位做好经验准备。

教学材料

教学材料见下图。

"小动物住哪里"教学材料

小熊搬家（集体活动）

活动目标

1. 尝试用四种物体进行间隔排序。
2. 理解物体排列的空间关系，探索发现排序的多种排列规律。
3. 同伴合作，乐于参加操作活动。

活动准备

1. 教具："泥叫吹"小熊、小猫、小狗、小兔、小房子以及不同形状、颜色的"泥叫吹"石头若干。

2. 学具："泥叫吹"印章每人1枚，四人1张桌。每张桌子4种不同颜色的颜料、1块抹布。

（a）"泥叫吹"小熊、小猫、小狗、小兔、小房子　　　　（b）"泥叫吹"印章

"泥叫吹"教具

活动过程

1. 观察小熊家的房子，欣赏有规律的图案纹样。

出示"泥叫吹"，导入课题。

吹响"泥叫吹"，请小朋友猜一猜这是谁的声音。由此引出小熊、小猫、小狗、小兔以及小房子，创设小熊搬家的情境。

出示小熊的新房子，请小朋友观察小熊家房顶上的瓦片、墙上的图案都是怎样排列的，有什么规律。（房顶上的瓦片是按颜色红、黄、蓝三个一组排列的，墙上的图案是一棵树、一棵草、一朵花三个一组排列的）

2. 引导幼儿迁移生活中的经验。

师：你们还在哪些地方见过有间隔排列规律的物品？

3. 观察石头路，发现物体排列的规律。

师：小熊的好朋友，小猫、小狗和小兔都想去小熊的新家看一看，小熊要求它们三个走过三条不同的石头路才能到达新房子。我们看看是什么样的石头路呢？（出示"泥叫吹"：三角形、圆形、长方形、正方形）

小猫的路是一块三角形的石头、一块圆形的石头、一块长方形的石头、一块正方形的石头，按形状四个一组有规律地排列的。小兔的路是按石头的颜色红、黄、蓝、绿四个一组有规律地排列的。小狗的路是按石头大小，一块大石头、一块小石头、一块较小的石头、一块最小的石头四个一组有规律地排列的。

师：这三条小路都不能直接到达小熊家，需要小朋友们帮助小动物把石头补齐才能够到达小熊家。请小朋友们观察一下三条小路有什么共同点。

小结：三条小路共同的规律就是四个一组有规律地排列。

4. 幼儿操作活动。

师：小动物们都到了小熊家，它们准备送小熊一条围巾，但粗心的小猫竟然忘了把围巾放进礼物盒，这可怎么办？听说我们大一班的小朋友会用印章拓印有规律的图案，小动物们想请我们给小熊拓印一条图案颜色是四个一组有规律地排列的围巾。

操作要求：四个人一张桌子，每张桌子上有四盒颜料，每个小朋友一枚印章，每一枚印章只能蘸一种颜料，四人合作，互相交换。最后一个拓印完的小朋友把颜料盒盖上，印章放在蛋托上。把作品摆放在黑板上，快速地回到自己的座位上。看看黑板上小朋友们的作品是否有规律。

5. 活动评价。

把按要求完成的有规律的作品放到一起，挑出没规律的作品，指出幼儿存在的问题，课后幼儿在区角里按规律重新拓印。

活动之前把印章和颜料投放在区角，让幼儿在区角活动中探索积累拓印经验。活动之后改正没按要求完成的排列。

教学材料见下图。

"小熊搬家"教学材料

大班艺术领域

爵士进行曲（集体活动）

活动目标

1. 在熟悉乐曲的旋律和结构的基础上，学习边看教师指挥边用打击乐器伴奏。
2. 根据模仿动作的变化，选择记忆乐器分配方案及演奏步骤。
3. 注意倾听他人演奏，集体演奏时要保持声音和谐统一。

活动准备

1. 铃鼓，圆舞板，碰铃，大鼓一面。
2. 音乐，跟音乐相对应的图谱。
3. 幼儿已会随音乐做模仿解放军的动作。

活动过程

1. 复习歌曲《长大要当解放军》，练习模仿做解放军的动作。

师：小朋友们，10月1日是什么节日？（国庆节）国庆节的时候解放军叔叔们要参加盛大的阅兵活动，看老师请来了谁？（请出"泥叫吹"解放军，幼儿观察）谁来模仿一下小小解放军？（请个别幼儿上前模仿）让幼儿一起模仿解放军走路的样子。

师：小朋友们长大了想当解放军吗？我们一起来唱一首歌曲——《长大要当解放军》，要把解放军的气势拿出来哦！

2. 出示《爵士进行曲》图谱让幼儿拍打节奏，并跟着音乐做解放军踏步动作。

3. 在图谱上增添图片，并将幼儿分成海陆空三军，跟着图谱做动作，观看视频的同时，培养幼儿对祖国的热爱之情。

师：阅兵时，观看阅兵的人们拿着国旗挥舞着，拍手欢呼着，庆祝祖国的生日，还要放礼炮。（出示视频）老师在图谱上增加了哪些图片？小朋友们跟着图谱上的图案来做做动作吧！（重点讲述开礼炮的姿势）

做一遍动作之后，分三队。

师：阅兵的时候有哪些军队？小朋友观察过了吗？（观看三军仪仗队的视频）

在图谱上换三队的图片，把幼儿分成三队，再次跟着音乐做动作。

4. 幼儿熟悉乐曲旋律之后和幼儿商量，讨论配器方案。

师：现在我们用乐器演奏这首进行曲，三队用三种不同的打击乐器演奏，分别可以用什么乐器呢？挥旗时可以用什么乐器？怎么演奏？拍手欢呼的时候呢？开礼炮的时候怎么演奏？

幼儿自由表达意见，教师和幼儿一同指定配器与演奏方案，并根据配器方案把乐器发给幼儿。

5. 教师指挥，幼儿尝试演奏乐曲。

幼儿跟着教师的指挥分别演奏乐曲两到三遍。教师出示大鼓，引导幼儿讨论打鼓加入的乐句。

师：这是什么乐器？它的声音怎么样？你们觉得在乐曲中的什么地方打鼓合适？

教师打鼓，幼儿使用乐器合作完整的演奏乐曲。

教学变式：在活动中，如果幼儿能够熟练演奏各种打击乐器，教师就在活动的最后加上一个环节——请个别幼儿当小指挥，指挥大家随音乐演奏乐器，以提升演奏的积极性，帮助不同能力的幼儿获得成功感，也可以采用交换乐器的方法（乐器不动，幼儿交换位置），让幼儿尝试使用不同的乐器来演奏。

教学材料

爵士进行曲

1=F 4/4
有精神地

(X X X   X X X |X X X X X X X X|X XX X X X —)

A段[1]
3·2 12 35 55 | 6·7 12 1 — | 3·4 55 6·71 | 21 23 2 —
X X X X | X X X — | X X X X | X X X —
陆军踏步   敬礼   海军踏步   敬礼

[5]
动作 1·1 23 46 66 | 51 12 3 — | 2 2·22 23 27 | 1 1 1 03
X X X X | X X X — | X X X X | X X X 0
空军踏步   敬礼   三军踏步   开礼炮

B段[9]
5· 3 5· 3 | 1·2 16 1 03 | 5· 3 5· 3 | 2·1 23 2 —
X — — — | X X X | X — — — | X X X
挥旗   拍手欢呼   挥旗   拍手欢呼

[13]
1·1 23 46 66 | 51 12 3 — | 2 2·22 23 27 | 1 1 1 0
X X X X | X X X — | X X X X | X X X 0
三军踏步   三军踏步   开礼炮

1217 1217 1217 1217 | 15 15 | 15 15 | 15 15 | 15 15 | 1000

动作建议

[1]～[2]小节：陆军原地踏步走，1拍1次，第7拍停下敬礼。

[3]～[4]小节：海军原地踏步走，1拍1次，第7拍停下敬礼。

[5]～[6]小节：空军原地踏出走，1拍1次，第7拍停下敬礼。

[7]小节：三军一起踏步走，1拍1次，第4拍停下。

［8］小节：双手交叉相握，屈肘于胸前，做向前开炮状，1拍1次，共开炮3次。

［9］小节：原地不动，左手叉腰，右手五指分开上举至右侧上方挥动，呈招手状。

［10］小节：原地不动，拍手，1拍1下。

［11］～［12］小节：动作同［9］～［10］小节。

［13］～［14］小节：动作同［7］小节。

［15］～［16］小节：动作同［7］～［8］小节。

陆军踏步——碰铃，海军踏步——圆舞板，空军踏步——铃鼓，挥旗——铃鼓（在胸前连续摇奏），拍手欢呼——碰铃、圆舞板，敬礼——大鼓，开礼炮——各种乐器加鼓。

拔根芦柴花（打击乐活动）

1. 熟悉乐曲结构旋律，尝试听音乐，用身体动作拍打节奏。

2. 能根据图谱的提示，看指挥进行徒手演奏，并能根据老师给出的节奏条，用"泥叫吹"摆出对应的节奏型。

3. 乐于参与活动，感受音乐中活泼、欢乐的情绪。

1. 物质准备：图谱1份，"泥叫吹"青花瓷瓶20个，音乐磁带。

2. 经验准备：幼儿已有打击乐经验。

"泥叫吹"青花瓷瓶

1. "泥叫吹"导入，激发幼儿兴趣。

师：今天我们的教室里来了很多客人老师，我们把上节课所学的一个小节奏乐表演给老师们看吧！

师：我们小朋友的本领可多了，不信，大家请看（出示节奏条和"泥叫吹"青花瓷瓶）。咱们想一想，如果拍一下用一个"泥叫吹"青花瓷瓶来代表的话，那么老师出示的这个节奏条应该怎么用"泥叫吹"摆出来？

把《拔根芦柴花》里面的节奏型都做成节奏条，让幼儿上来摆一摆，直到熟悉。

2. 了解《拔根芦柴花》是劳动歌曲的特点和它的由来。

师：知道这首歌曲为什么叫劳动歌曲吗？

小结：《拔根芦柴花》的由来和名字。

第一遍，整体欣赏音乐，并说说这是一首什么样的曲子。

第二遍，欣赏音乐时可以轻轻地跟着打节奏。

3. 出示节奏图谱，请幼儿找出一样的节奏，认识四种节奏型。

第三遍，请幼儿结合节奏图谱听音乐。

第四遍，请幼儿一边听，一边看图谱，一边打节奏。

第五遍，根据幼儿在打节奏过程中出现的问题，进行重点练习（可以分段练习）。

4. 尝试听音乐，根据老师指挥做动作。

把这首乐曲的几种节奏型写成节奏条，"泥叫吹"青花瓷瓶投放在音乐区角，让幼儿在区角活动时间自主练习。

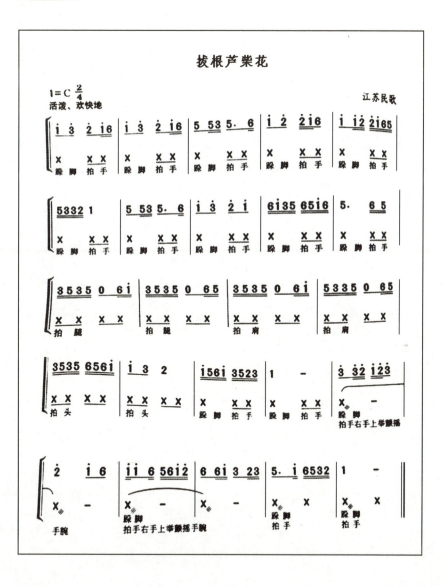

第六篇

"泥叫吹"

大班课程

（下期）

小鲤鱼跳龙门（户外活动）

活动目标

1. 能助跑跨跳过高度约40厘米的垂直障碍物，发展腿部力量。

2. 能根据障碍物的距离调整自己的步幅，连贯、协调地完成动作。

3. 体验游戏的乐趣。

活动准备

1. 橡皮筋3根，小椅子6把，"泥叫吹"小鱼4条，5个泥土做的高度约30厘米的障碍物。

2. 热身操的背景音乐《沉醉于风中》。

3. 幼儿听过《小鲤鱼跳龙门》的故事。

"小鲤鱼跳龙门"教具

活动过程

1. 幼儿听音乐，做热身操。

2. 幼儿在教师的带领下进行上肢运动、下蹲运动、体侧运动、体转运动、全身运动、跳跃运动和整理运动。

以小鲤鱼的故事作为导入。

师：新的一年到来了，小鲤鱼现在长大了，快快去和小鲤鱼一起玩游戏吧！

幼儿站成一路纵队，面向设置好的"龙门"，练习基本动作。

师：我们怎样才能跳过"龙门"呢？

幼儿自由讨论跳"龙门"的动作。

请幼儿示范助跑跨跳的方法。

教师引导幼儿讨论掌握助跑跨跳的动作要领（离龙门适当的距离，跑到"龙门"处，一只脚用力蹬地，同时另一只脚腾空跨跳过"龙门"，平稳落地）。

一起学习自主跨跳的动作，高抬一条腿，膝盖弯曲，另一条腿站直，弯曲收腿，两腿依次落地。

幼儿自由选择高度进行分组练习。（"龙门"有三种高度：25厘米、30厘米、40厘米）

3. 竞赛游戏——小鲤鱼跳龙门。

教师介绍游戏玩法：请幼儿分成相对站立的若干组，游戏开始，第一个幼儿手拿一条小鱼飞快跑向"龙门"跨跳过去，把小鱼送到对面幼儿的手上，接到小鱼的幼儿也迅速跑向"龙门"跨跳过去，把小鱼送给对面的幼儿，这样来回送小鱼直到每个幼儿都送过小鱼，小鱼送到最后一名小朋友手中，最先吹响小鱼就算胜利。

幼儿游戏两到三次，教师注意指导，确保幼儿动作熟练。

4. 幼儿自选区域游戏。

根据前面幼儿游戏的情况增加难度。

能力较弱的小朋友先继续练习跨跳。

能力中等的小朋友设置三种不同高度的"龙门"，排成三排，幼儿连续跨跳过"龙门"。

能力强的小朋友，先跨跳过皮筋做的"龙门"，再跨跳过泥土做的高度在30～40厘米的五个障碍物，而且障碍物不能倒。

游戏结束后，整理队形，带领幼儿做放松操。

活动建议

1. 皮筋的高度能自由调节，让幼儿在练习过跨跳各种高度的障碍物后体验什么高度需要助跑才能跨跳过去。

2. 助跑跨跳对身体的协调性要求很高，一定要让幼儿充分尝试体验动作，领会要领后逐渐掌握，同时让每个幼儿都体验到成功挑战自我的快乐。

3. 在晨间锻炼中可增加这类游戏，让幼儿有更多的机会练习。

我是小小杂技员（户外活动）

活动目标

1. 练习头顶沙包向前走，发展身体平衡能力。

2. 能调控行走的速度，提高身体控制力，培养幼儿克服困难的品质。

3. 遵守游戏规则，具有规则意识。

活动准备

1. 沙包若干。（数量与幼儿人数相等）

2. 活动场地上画起点线、终点线，椅子24把摆4排，皮筋、轮胎若干。

3. 背景音乐。

活动过程

1. 队列练习。

2. 幼儿听音乐做律动。（教师自编动作）

3. 幼儿每人1个沙包，用沙包玩游戏。

师：看看老师今天带了什么好玩的。（"泥叫吹"沙包）和我们平时玩的沙包有什么不一样？哪里不一样？可以怎么玩？

　　幼儿用沙包自由玩多种游戏。

　　请幼儿介绍自己的玩法，大家相互学习。

　　4.练习"头顶沙包走"。

　　请玩"头顶沙包走"的幼儿示范。

　　师：这个小朋友真像杂技演员，我们都来向他学一学。

　　幼儿尝试练习"头顶沙包走"。

　　引导幼儿讨论：怎样才能做到不用手扶，沙包不掉下来？（把沙包放在头顶合适的位置，身体挺直，眼睛向前看，走动时身体保持平衡，控制好走路的速度）

　　幼儿再次练习"头顶沙包走"。

（a）游戏过程　　　　　（b）"泥叫吹"沙包

"头顶沙包走"游戏

　　5.游戏"我是小小杂技员"。

　　师：在我们的前面有4座小桥，小杂技员们头顶沙包走过小桥时沙包不能掉。

　　教师介绍玩法和规则。

　　玩法：幼儿分成4路纵队，分别站在起点线后，听到哨声后每队第一名幼儿开始走，后面的幼儿依次跟着走，走过小桥后在终点线站好，后面走过小桥的幼儿依次站在队伍后面。

　　规则：走路过程中不能用手扶沙包，走过小桥时注意安全，如果行进的过程中沙包掉了下来，要从起点线重新开始。

　　幼儿循环练习。

　　组织幼儿竞赛1次，最先到达的10名幼儿可以挑战踩皮筋顶沙包走，接着挑战头顶沙包绕轮胎障碍行走，沙包不能掉。

6. 结束活动。

听音乐做放松活动，注意放松颈部。在音乐声中，师幼一起收拾器具。

1. 为了幼儿安全，可以选择矮一些的小椅子，两张椅子并排放，增加宽度，方便幼儿游戏。

2. 鼓励幼儿创造新的游戏玩法，大家相互学习。

大班语言领域

小叫吹（集体活动）

1. 学习有节奏地朗诵儿歌。

2. 通过观看、朗诵、动作参与感知儿歌的内容。

3. 萌发幼儿对"泥叫吹"的兴趣。

十二生肖、"泥叫吹"音频、画报。

"泥叫吹"十二生肖

1. 谈话导入，激发幼儿兴趣。

师：我们每个人都有自己的属相，小朋友知道自己是属什么的吗？

2. 播放儿歌录音。

师：今天我们班除了你们的属相，还来了很多属相朋友呢！它们就藏在一首好听的儿歌里，我们赶快去听听吧！

师：听到了哪些属相呀？

师：除了这些属相，还有哪些属相也来藏猫猫了呢？

3. 教师引导幼儿观察"泥叫吹"，并说出十二生肖。

师：我们一起看看都来了谁。

师：这些小动物还有一个好听的名字，叫什么呀？（生肖）

师：我们一起来数一数一共有多少生肖吧！

师：一共多少只呢？一共有十二只生肖，所以它们的名字叫十二生肖，它们叫什么呀？（十二生肖）

师：这些小巧、可爱的"泥叫吹"十二生肖，你们最喜欢谁呢？

师：十二生肖说它们也很喜欢小四班的小朋友们呢！看到十二生肖，你的心情怎么样呢？（开心）那你们笑一个给我看一看。

师：儿歌里用了一个词来形容你们的笑声，你们还记得是哪个词吗？

4. 教师引导幼儿全体朗诵。

教师完整朗诵儿歌。

师：那我们快来再听听这首有趣的儿歌吧！

幼儿跟随教师完整地朗诵儿歌。

师：下面请小朋友和老师一起朗诵一遍儿歌吧。

5. 运用师幼对诵的方式朗诵儿歌。

师：接下来老师读前半句，小朋友读后半句。运用对诵的方式朗诵儿歌，分男孩、女孩朗诵。

6. 教师带领幼儿边表演动作边朗诵儿歌。

师：现在我们一起给这首有趣的儿歌编一些好看的动作吧！"手儿巧"可以用什么动作表达呢？

7. 课后延伸。

活动建议

1. 在课前让幼儿听一听有关十二生肖的故事或儿歌，以利于幼儿学习儿歌。

2. 可以做一些十二生肖在美工区做环境创设，使幼儿逐渐爱上"泥叫吹"，潜移默化地激发幼儿热爱家乡的情感。

3. 可以投放"泥叫吹"十二生肖在语言区角，让幼儿玩一玩捉迷藏的游戏，既可以从游戏中复习儿歌，又可以锻炼幼儿记忆再现能力。

小叫吹（儿歌）

手儿巧，心儿美，
一起来捏小叫吹。
捏出鼠牛虎兔龙，
捏出蛇马羊猴鸡，
还有小狗和小猪。
十二生肖捏一遍，
小嘴一吹笑哈哈。

春天是一本书（集体活动）

1. 初步理解诗歌的内容及语句。
2. 借助"泥叫吹"作品等生动的教学形式，在不断的挑战中学习朗诵诗歌。
3. 通过出示"泥叫吹"作品，激发幼儿对"泥叫吹"手工活动的兴趣。

活动准备

1. 录音：《春天是一本书》。
2. "泥叫吹"作品。

"泥叫吹"教具

1. 谈话导入，激发兴趣。

师：你们喜欢春天吗？为什么？

师：如果让小朋友们赞美春天，你们会怎么赞美呢？

2. 教师播放录音，引发幼儿赞美春天的新经验，帮助幼儿理解诗歌中的比喻手法。

师：有一首赞美春天的诗歌，我们一起来听一听诗歌的第一段是怎么说的。（幼儿听诗歌录音）

师：诗歌中是怎么赞美春天的呢？它用了什么特别的方法赞美春天呢？

师：原来诗歌中把春天比作了一本书，还是一本彩色的书呢！这种方法我们叫作"比喻"。

师：老师今天把这本书请到了我们的班级里，小朋友们看一看，老师是用什么东西做的书呢？（鞋盒、素描纸）

师：为什么说春天是一本彩色的书呢？诗歌里说春天都有哪些颜色？我们再来听一遍诗歌的第一段。

3. 出示"泥叫吹"作品，幼儿理解第一段诗歌内容并尝试朗诵。

师：我们用最好听的声音来朗诵诗歌吧！

4. 引导幼儿以推测的方法学习第二段诗歌。

教师出示第二段图夹文诗歌的第一句，让幼儿猜猜。

师：春天除了是一本彩色的书外，还会是什么样的书呢？请小朋友们仔细观察封面，并把你的想法说出来。

师：小朋友想不想知道谁会笑呢？是怎样笑的呢？

师：仔细听听诗歌里是怎么说的？

教师播放第二段诗歌。

师：诗歌里是怎么说的？

师：酒窝在哪里？为什么小池塘会有酒窝呢？（这是雨水滴进池塘里，水晕开后的景象）

师：我们用最好听的声音来朗诵第二段诗歌吧！

5. 引导幼儿以推测的方式学习第三段诗歌。

师：诗歌里说春天还有一种书，小朋友们闭上眼睛，老师把这本书请出来，可不要偷看哟！小朋友们睁开眼睛，一起来说是什么书。

师：对啦，春天是一本会唱的书！

师：你们都听到谁在唱歌？请用诗歌里的话来告诉老师。（若幼儿没有回答出来，教师引导）

师幼共同朗诵第三段诗歌。

6. 借助"泥叫吹"作品以不同的朗诵方式帮助幼儿记忆诗歌。

师：小朋友们看着教具一起来完整地朗诵诗歌。

师：老师现在分组，男、女生各一组，男生朗诵诗歌的第一段，女生朗诵诗歌的第二段，诗歌的第三段一起朗诵，看看是男生厉害，还是女生厉害？

7. 活动延伸。

师：好听的诗歌小朋友们都已经掌握了，明天在"泥叫吹"区角，老师会带领小朋友们动手制作这些有趣的"泥叫吹"教具。

活动建议

1. 带领幼儿到大自然中寻找"彩色的春天""会笑的春天""唱歌的春天"等，鼓励幼儿发现不一样的春天，并与同伴交流。

2. 在美工区提供绘画工具、橡皮泥等让幼儿来制作春天的各种景色。

3. 建议家长利用休息日多带幼儿到户外走走，有意识地让幼儿说说春天的景物。

春天是一本书（儿童诗）

春天是一本彩色的书——

黄的迎春花，

红的桃花，

绿的柳叶，

白的梨花……

春天是一本会笑的书——

小池塘笑了，

酒窝圆又大；

小朋友笑了，

咧开小嘴巴……

春天是一本会唱的书——

春雷轰隆隆，

春雨滴滴答，

燕子唧唧唧，

青蛙呱呱呱……

福气糕（集体活动）

1.欣赏故事，理解故事内容以及红包的祝福意义。

2. 能够结合生活经验，在不同情境下表达祝福。

3. 体验相互祝福的快乐。

活动准备

1. "泥叫吹"福气猫、红包。

2. 故事录音。

"泥叫吹"福气猫、红包

活动过程

1. "泥叫吹"导入，引出主题。

师：来了一位特殊的小客人，你们猜它是谁？听，它在跟你们打招呼呢！我们一起跟福气猫打个招呼吧！福气猫会做什么你们知道吗？我们一起到故事中去听一听。

2. 分段讲述故事，初步感知故事内容。

讲述第一段故事并提问。

师：福气猫会做什么？你听出来了吗？（幼儿回答：送红包）

师：红包里有什么？（恭喜，恭喜，新年福气！）你收到过红包吗？教师解释"福气"的意思。（福气就是在新的一年里能有好的运气、好的事情）

师：你知道长辈们为什么要送红包给你们吗？（希望小朋友们在新的一年里能健康快乐地成长）

讲述第二段故事并提问。

福气猫的红包送完了，它是怎样做的？（福气猫不停地给年糕师傅鞠躬，并说"恭喜，恭喜，新年福气！"）

年糕师傅的年糕是怎么变成福气糕的？（福气猫的脸印在年糕上，一边印一边对着年糕说："恭喜，恭喜，新年福气！"）

讲述第三段故事并提问。

师：福气猫为什么会觉得年糕师傅应该得到最多的福气呢？（因为最辛苦的人应该是最有福气的人。年糕师傅是最辛苦的人，所以应该是最有福气的人）

听完了故事，教师提出一个问题，让幼儿在完整欣赏故事后找答案。

师：买了福气糕的人，为什么要给年糕师傅送红包？

3. 播放故事录音，完整欣赏故事。

师：你听出答案了吗？（因为年糕师傅是最辛苦的人，应该是最有福气的人，红包里送去的不只是钱，还有对年糕师傅的祝福）

师：你觉得谁是最辛苦的人？你想送什么祝福的话给他？

幼儿积极讨论并发言。例如，警察叔叔最辛苦，因为他保护我们大家。祝警察叔叔身体健康，天天开心！

4. 创设情境，结合生活经验表达祝福。

师：故事中的福气猫是怎么给大家拜年的？（恭喜，恭喜，新年福气！）它的手是怎样放的？（右手握拳，左手抱右手）教师带领幼儿一起做动作。

师：在不同节日，你怎样为他人送祝福的话？

幼儿积极讨论并表演。

5. 活动延伸。

活动结束后，教师把故事以及教具投放到阅读区角，让幼儿在区角时间讲一讲、演一演。

活动建议

1. 在日常活动中，引导幼儿学习在不同情境中表达祝福。例如，对小朋友、对爸爸妈妈、对老人过生日分别说怎样的话？在婚宴上对新娘、新郎分别说什么话？让幼儿学会在不同的语言情境中讲述不同的祝福内容。

2. 在活动中，尽量使用多种激励性语言来调动幼儿的积极性。

3. 将幼儿操作材料放置在阅读区角，让幼儿在阅读区角自主阅读和讲述《福气糕》的故事。

教学材料

福气糕（童话）

有一只福气猫，过年的时候，它会出去送红包。红包里有一句祝福的话："恭喜，恭喜，新年福气！"收到红包，新的一年里会有很多很多的福气。

福气猫知道大家都在等它，于是走了一家又一家。它把红包悄悄地放在孩子的床头，把福气带给每一个孩子。

走了一家又一家，红包送了一个又一个。天快亮了，福气猫走到了年糕师傅家里。年糕师傅还在不停地做年糕，一个晚上都没有休息。辛苦的年糕师傅应该有最多的福气，可是红包已经送完了，福气猫就不停地给年糕师傅鞠躬："恭喜，恭喜，新年福气！"

年糕师傅笑嘻嘻地端来年糕，送给福气猫。福气猫还在那儿一个劲儿地鞠躬："恭喜，恭喜，新年福气！"一不小心，福气猫的脸贴到了年糕上。"哈哈哈……我的年糕成了福气糕啦！"年糕师傅高兴得满脸都是笑。于是福气猫在每一块年糕上都印上了自己的笑脸。它一边印，一边对着年糕说："恭喜，恭喜，新年福气！"每一块年糕都成了福气糕。

"噼噼啪，噼噼啪……"天亮了，家家户户都起来放鞭炮。年糕师傅给大家送去福气糕。福气猫的脸印在年糕上，好像在跟大家说："恭喜，恭喜，新年福气！"

买了福气糕的人，都把钱放在红纸包里给年糕师傅。年糕师傅收到了很多很多红包，大家都说，最辛苦的人应该是最有福气的人。

从那以后，大家都把年糕叫作福气糕，把年糕师傅叫作福气糕师傅。

大班社会领域

走进博物馆（社会实践活动）

活动目的

本次活动让孩子们近距离地接触和体验家乡文化，感受祖国和家乡文化的丰富与优秀，感受家乡的变化和发展，激发幼儿爱家乡、爱祖国、爱自然的情感。不仅拓展和丰富了幼儿学习的空间，更是对幼儿社会领域教育的一次真正意义上的实践。

活动对象

大班老师和参加本次活动的小朋友。

参观须知

1. 保持馆内安静，禁止追逐打闹。

2. 爱护公物，不得随意触摸展品和其他易碎物品。

3. 保持馆内清洁卫生，禁止随地吐痰、乱扔果皮纸屑。

4. 有序参观，不乱跑乱转。

活动过程

1. 幼儿等待乘车到达博物馆。

2. 各班老师点名查看幼儿到达情况，幼儿排成一队。

3. 在本班老师的带领下参观，重点参观二楼"泥叫吹"展厅，欣赏各种各样的"泥叫吹"作品，加深幼儿对"泥叫吹"的印象和了解。

4. 参观完毕，全体成员在博物馆门口合影后前往午餐地点。

5. 用餐完毕，在博物馆门口集合，乘车返回。

参观片刻

1. 请自备小点心、水果、水和湿巾纸等。

2. 请务必注意早上集合时间，不要迟到。

3. 各班老师不定时检查幼儿人数，防止幼儿走丢。

大班科学领域

编应用题（集体活动）

活动目标

1. 理解情境中所表达的数量关系，学习6以内的加法。

2. 能根据情境编加法应用题，清晰地讲述加法算式所表达的意思。

3. 愿意将自己的思考与发现讲给大家听。

活动准备

教具："泥叫吹"灯笼6盏、大树2棵、娃娃1个。

"泥叫吹"教具

活动过程

1. 创设情境，编加法应用题。

拍手游戏：复习6以内数的组成。

出示"泥叫吹"灯笼、大树，创设情境，引导幼儿根据情境编应用题。

情境一：（出示）"泥叫吹"大树，请小朋友看一看、说一说。

师：谁能用一句话把你看到的情境说清楚？

请个别幼儿回答：大树上有5盏灯笼。

情境二：娃娃提着1盏灯笼。

师：谁能用一句话说清楚？

请个别幼儿回答：又拿来了1盏灯笼。

师：你是从哪里看出拿来了，而不是拿走了？为什么说又拿来了？"又"表示什么意思？

师：谁能将两处情境的意思连起来说？（大树上有5盏灯笼，又拿来了1盏灯笼。）

分别请个别幼儿、全体幼儿讲述。

情境三：有什么？（问号）该怎么提问呢？谁会根据前面的情境提出问题？

请个别幼儿回答大树上一共有几盏灯笼，进一步理解"一共"的含义。

讨论：为什么要问一共有几盏灯笼，"一共"表示什么意思？

请个别幼儿回答：原来大树上有5盏灯笼，又拿来了1盏灯笼，一共有6盏灯笼。

师：谁会用三句话把三个情境编成一道加法应用题？（大树上有5盏灯笼，又拿来了1盏灯笼，大树上一共有几盏灯笼？）

根据情境列出相应的加法算式，并讲述算式所表达的意思。

师：这道题可以用什么算式来表示呢？

请个别幼儿回答，教师根据幼儿的回答，用算式记录。（5+1= ）

师："5+1="这道算式是怎样表示这道应用题的呢？"5"表示什么？（大树上有5盏灯笼）"+1"表示什么？（又拿来了1盏灯笼）"="表示什么呢？（大树上一共有几盏灯笼？）

2. 幼儿集体认读算式。

幼儿操作，教师请幼儿看情境编应用题，并用算式记录。再说一说这道算式表达的是什么意思。

3. 规则。

每人一张作业纸，先写上名字，然后看图写算式。

写好后把你编的题说给你旁边的小朋友或老师听。

说完后把作业贴到黑板上，轻轻地回到座位上安静地等待。

4.活动评价。

请个别幼儿讲述看图列算式活动的结果，找出正确的投放到一体机上，请幼儿说一说是怎样编的应用题、怎样列的算式。再找出错误的，也请幼儿说一说是怎样编的应用题、怎样列的算式。

请小朋友一起看一看，作业纸上第一道题和第二道题说的事情一样吗？为什么列的算式一样？

活动建议

1. 引导幼儿观察图上物体的朝向，分清是"来"还是"去"，并让幼儿说明原因。

2. 强调"又"表示的是第一幅图上原来已经有了灯笼，再拿来的就是"又拿来了"。

3. 讲述第三幅图时要让幼儿明确问号的含义就是要根据前两幅图的图意提出一个问题，同时要帮助幼儿理解"一共有"的含义。"一共有"表示的是两部分合起来的意思，也就是第一幅图上的物与第二幅图上的物"合起来"。要让幼儿学会用准确的语言表达图意，理解三幅图中的数量关系。

教学材料

教学材料见下图。

（a）蝴蝶

（b）青蛙

（c）小鸡

"编应用题"教学材料

水果店（集体活动）

活动目标

1. 运用已有的数学经验解答购买水果时"一共用去多少钱"的问题，学习6以内的加法运算。

2. 学习用算式记录购买水果的过程，理解所列算式的实际意义。

3. 积极参与本活动，感受数学活动的有趣。

活动准备

1. 教具：水果店货架，"泥叫吹"水果若干，算式卡若干，记号笔1支。

2. 学具：《一共用了多少钱？》操作材料人手1份，铅笔1支。

（a）"泥叫吹"水果　　　　　　（b）水果店货架

"泥叫吹"教具

活动过程

1. 游戏"碰球"。

师：我们来玩"碰球"的游戏，你们的球和老师的球合起来是6。

谈话导入活动，引起幼儿活动的兴趣。

师：老师要告诉小朋友一件重要的事，老师改行了，我不当老师了，我要当老板啦！我开了一家水果店，我的水果店与众不同，里面的水果颜色鲜艳、外形美观，它还有一个神奇之处，就是吹一吹能听到美妙的声音！

2. 通过游戏"一共用了多少钱？"学习6以内的加法。

教师展示"水果店货架"，请幼儿观察货架。

师：水果店里有哪些水果？每种水果的价格是多少？你是从哪里知道的？

提出购物要求：水果店来了第一位顾客——猪爸爸，看看它到水果店买了哪两种水果，说一说它所买的两种水果各是多少钱，算一算一共用了多少钱。

请个别幼儿讲述猪爸爸购买水果的事情。

师：谁来告诉我们它在水果店买了两种几元钱的水果？算算它一共用了几元钱？（幼儿个别讲述，如买了2元钱的香蕉和3元钱的橘子，一共用了5元钱）

学习用算式记录购买水果的事情。

讨论：用一道什么算式可以把"买了2元钱的香蕉和3元钱的橘子，一共用了5元钱"的事情记录下来？（2+3=5）

师："2+3=5"这道算式是怎样表示购买两种水果的事情的呢？

师："2"表示什么事情？（买了2元钱的香蕉）"+3"表示什么事情？（和3元钱的橘子）"=5"表示什么事情？（一共用了5元钱）

教师带领幼儿齐读算式。

幼儿再次进行买水果活动，并学习用算式进行记录。

3. 幼儿分组操作活动。

师：请小朋友观察操作单上水果店水果的价格。看清楚购物袋内已选的两种水果，说一说这个小朋友所买的两种水果的价格是多少钱，算一算一共用了多少钱，并列出算式。

师：说一说这个小朋友所买的两种水果的价格是多少，算一算一共用了多少钱，并列出算式。

幼儿操作时，教师巡视指导，要求幼儿说一说。

4. 活动评价。

展示操作单，请个别幼儿介绍"一共用了多少钱"的活动结果，教师带领全体幼儿检查、评价。

师：看看这张操作单上的算式，他写得对吗？为什么？（看幼儿回答正确与

否，如果错误予以纠正）

因本活动所用水果是"泥叫吹"教具，所以教师可以根据班级实际情况，在班级内设置"水果店"的场景，并在"水果店"内提供有价格标签的各种水果。教师贴上相应的价格标签，让每个幼儿到"水果店"去购买两种水果，并算一算一共用了多少钱。也可以在学习完认识人民币之后，让幼儿用6元钱买下一种水果，算算还剩下多少钱；还可以根据幼儿园和班级实际情况，在班级内布置如"文具店""小超市"类的场景。

教学材料见下图。

"水果店"教学材料

大班艺术领域

欢乐的鼓（奏乐活动）

活动目标

1. 在熟悉乐曲旋律和结构的基础上，学习两两结伴玩奏乐游戏"欢乐的鼓"。
2. 尝试用变换空间方位的方法变换小鼓造型，并与鼓槌合作游戏。
3. 体验与不同的朋友合作玩乐器游戏带来的快乐。

活动准备

1. 物质准备：铃鼓、音乐。
2. 经验准备：幼儿已经会做基本的身体律动。

"泥叫吹"鼓及鼓槌

活动过程

1. 幼儿复习律动"欢乐的鼓"，并出示"泥叫吹"鼓。

师：森林里正在举行音乐舞会，许多小乐器都去参加了。看看这个是谁？

出示"泥叫吹"鼓，幼儿说出其名。

师：这个小鼓还准备了好看的舞蹈，让我们一起来当小铃鼓，跟着音乐跳一跳吧！

2. 教师引导幼儿两两结伴，合作玩奏乐游戏。

师：刚刚小鼓是一个人跳舞的，下面小鼓的好朋友"鼓槌"也要来跟它一起跳舞。（出示"泥叫吹"鼓槌）

教师扮演"鼓槌"，幼儿扮演"小鼓"，尝试玩互动游戏。

师：下面你们当"小鼓"，老师当"鼓槌"，请大家仔细看一看"鼓槌"是在"小鼓"做什么动作的时候敲击鼓面的。（点头的时候）

师：敲了几下？（三下）

互换角色，教师扮演"小鼓"，幼儿扮演"鼓槌"，尝试互动游戏。

3. 教师和一名幼儿尝试用乐器互动游戏，在"小鼓"蒙眼的时候"鼓槌"做动作。

师：请一个小朋友当"小鼓"，老师当"鼓槌"，大家看一看"小鼓"蒙眼睛的时候我做了什么事情。（奔跑、转圈、跳舞）

请两名幼儿示范用乐器玩游戏。

全体幼儿两两结伴，尝试用乐器完整地游戏。

4. 教师启发幼儿利用空间方位变换小鼓的造型。

师："小鼓"变造型的时候，除了可以把"小鼓"放在左边和右边，还可以放在哪里？

放在不同的地方，"鼓槌"应该怎么敲呢？

5. 幼儿尝试交换舞伴，完整地玩双圈游戏。

师："鼓槌"想到了让游戏更加好玩的好办法，是什么呢？那就是，在"小鼓"蒙眼睛的时候，"鼓槌"交换舞伴，找到新的好朋友，"小鼓"睁开眼睛的时候与新的舞伴游戏。

6. 反复游戏两遍并总结。

在区域活动中，提供比较丰富的乐器材料，让幼儿探索还有哪些乐器是可以两两合作演奏的？如何演奏？哪些乐器适合表现乐曲欢快轻盈的风格？让幼儿在摆弄乐器的过程中进一步了解乐器音色、演奏方法等。

6　0　｜3̇　0　｜1̇2̇　3̇5̇｜3̇　0　｜76̲　7̲1̇｜7　5　｜

1=♭E

6（0̲3̲｜5̲5̲6̣｜6　0　｜3̇　0　｜7̲2̇｜1̲7̇｜6　0　｜

6̲6̲　7̲1̇｜7　5　｜6（0̲3̲　5̲5̲6̣｜6　0　｜3̇　0　｜

1̇2̲　3̲5̇｜3̇　0　｜6̲7̲　1̲2̇｜7̲1̇7̲65̲｜6.（0̲3̲｜5̲5̲6̣）｜

1̲̇1̲̇1̲̇5̲｜5̲5̲5̲5̲6̇｜3̲3̲3̲3̲｜3̲3̲3̲3̲3̲｜1̲̇1̲̇1̲̇5̲｜5̲5̲5̲6̇7̇｜

3̲3̲3̲3̲｜3̲3̲3̲3̲3̲｜4̲4̲4̲1̇｜7　0　｜3̲3̲3̲7̇｜6　0　｜

2̲6̲　2̲3̲｜4̲̇1̲7̲6̲｜7　5　｜5　-　｜6　0　｜3̇　0　｜7̲2̇　1̲7̇｜

6　0　｜6̲6̲　7̲1̇｜7　5　｜6（0̲3̲｜5̲5̲6̣）｜6　0　｜3̇　0　｜

7̲2̇　3̲5̇｜3̇　0　｜6̲6̲　7̲1̇｜7　5　｜6（0̲3̲｜5̲5̲6̣）｜

6　0　｜3̇　0　｜7̲2̇　1̲7̇｜6　0　｜6̲6̲　7̲1̇｜7　5　｜6（0̲3̲｜

5̲5̲6̣）｜6　0　｜3̇　0　｜7̲2̇　3̲5̇｜3̇　0　｜1̇　2̇｜7̲1̇7̲656̲｜

6（0̲3̲｜5̲5̲6̣）｜1̲̇1̲̇1̲̇5̲｜5̲5̲5̲5̲6̇｜3̲3̲3̲3̲｜3̲3̲3̲3̲3̲｜

1̲̇1̲̇1̲̇5̲｜5̲5̲5̲6̇7̇｜3̲3̲3̲3̲｜3̲3̲3̲3̲3̲｜4̲4̲4̲1̇｜7　0　｜

3̲3̲3̲7̇｜6　0　｜♭4̲6̲1̲4̲｜3̲̇1̲7̲6̲｜7̇　3̲3̲｜3̇　0　‖